Lernkrimi Spanisch

Recuerdos en rojo

María Montes Vicente
Jaime Bordajandi Falcó

Baierbrunner Str. 27, 81379 München
Ausgabe 2024
4. Auflage

Redaktion: Isabella Bergmann
Fachkorrektur: Pablo Pino
Produktion: Ute Hausleiter
Titelillustration: Karl Knospe
Lernkrimi-Logo: Carsten Abelbeck
Gestaltung: EKH Werbeagentur GbR, textum GmbH
Umschlaggestaltung: red.sign GbR, Stuttgart

ISBN 978-3-8174-1913-5
381741913/4

Besuchen Sie uns auf Instagram und Facebook: circonverlag
www.circonverlag.de

Vorwort

Liebe Leserin, lieber Leser,

sicher zum Lernerfolg – mit Spaß und Spannung! Die Compact Lernkrimis mit ihrer Kombination aus Lektüre und didaktischem Übungsanteil eignen sich hervorragend, um breite Sprachkompetenzen in der Fremdsprache zu erwerben. Der Lerner wird dabei durch die spannende Handlung, das angemessene Sprachniveau und den stetig ansteigenden Schwierigkeitsgrad der Übungen gefördert und motiviert.
Entwickelt nach neuesten Erkenntnissen der Fremdsprachendidaktik, sind Compact Lernkrimis das ideale Medium für einen Lernerfolg im Selbststudium. Durch die kleinen Texteinheiten und den hohen Übungsanteil sind sie aber auch als Unterrichtslektüre bestens geeignet.

So lernen Sie mit Compact Lernkrimis:

- **Mit Begeisterung lernen:** Die packende Krimihandlung motiviert Sie beim Lesen des spanischen Originaltextes.
- **Wissen intensivieren und erweitern:** Durch die Kombination aus didaktisch aufbereiteter Lektüre und textbezogenen Übungen testen und trainieren Sie Ihre Sprachkenntnisse effektiv. Vokabelangaben auf jeder Seite unterstützen Sie beim Lesen.
- **Systematisch lernen:** Knüpfen Sie an Ihr individuelles Sprachniveau an und setzen Sie sich eigene Lernziele.
- **Unabhängig sein:** Lernen Sie ganz individuell – wo und wann Sie wollen.

Viel Spaß beim **Erlernen der spanischen Sprache**
wünscht Ihnen

Prof. Dr. Christiane Neveling
Didaktik der romanischen Sprachen, Universität Leipzig

Inhalt

Die Ereignisse und die handelnden Personen in diesem Buch sind frei erfunden. Etwaige Ähnlichkeiten mit tatsächlichen Ereignissen oder lebenden Personen wären rein zufällig und unbeabsichtigt.

Recuerdos en rojo

María Montes Vicente

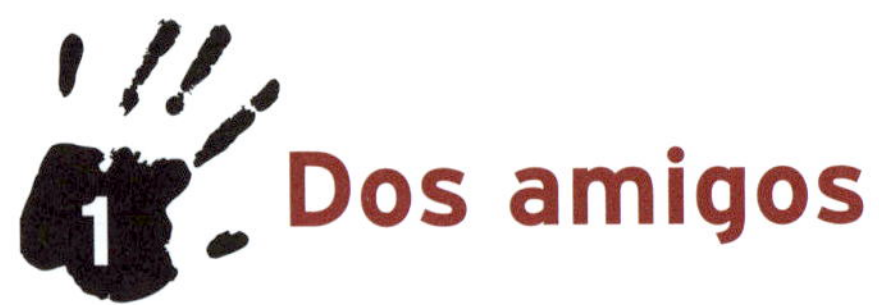

1 Dos amigos

A oscuras y en sueños, aquellas imágenes **rojizas** se le presentan una y otra vez. Él recuerda vagamente la última vez que durmió sin **sobresaltos**. De eso hace ya mucho tiempo. Demasiado. Era la época en la que otras **preocupaciones** ocupaban su mente. Es cierto que le robaban el sueño bastante a menudo, pero entonces era distinto, las noches no eran la **sucesión** de **pesadillas** que son ahora. Dificultades para llegar a fin de mes, **reajustes** en las vacaciones, si las había, quizá algún problema con las niñas: nada del otro mundo. Fue una etapa difícil para él y otros muchos, pero esas dificultades no le **atormentaron** cada noche ni le **tiñeron** de rojo cada pensamiento. Fueron **contratiempos mundanos** que, sin saber cómo, crecieron como la **espuma** hasta cortarle la respiración y que ahora, con el tiempo, él es capaz de evaluar con la perspectiva del que **juzga** en la distancia. Ahora, cuando ya es demasiado tarde.

rojizo	rötlich
sobresalto *m*	Schrecken
preocupación *f*	Sorge, Not
sucesión *f*	Folge
pesadilla *f*	Albtraum
reajuste *m*	Umgestaltung
atormentar	quälen
teñir *irr*	färben
contratiempo *m*	Zwischenfall
mundano	weltlich
espuma *f*	Schaum
juzgar	beurteilen
cubrir	*hier*: besetzen, übernehmen

Antes de las pesadillas, Héctor trabajaba en la planta de preoperatorios del hospital Gregorio Marañón de Madrid. Le costó mucho conseguir esa plaza. Después de veranos interminables **cubriendo** bajas y vacaciones y haciendo miles de guardias, un buen día le llegó un golpe de suerte y logró hacerse un hueco en la plantilla. Las primeras reducciones de personal no se hicieron esperar, pero él, sin saber cómo, pudo mantenerse en el equipo. Menos horas y menos sueldo para los enfermeros que se quedaron y, al mismo tiempo, más volumen de trabajo. Eran condiciones que ya conocía de su anterior etapa, condiciones entonces que no le alteraron demasiado.

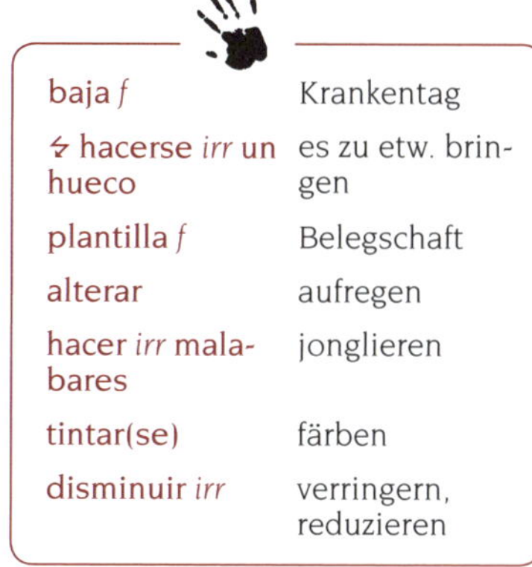

baja *f*	Krankentag
ϟ hacerse *irr* un hueco	es zu etw. bringen
plantilla *f*	Belegschaft
alterar	aufregen
hacer *irr* malabares	jonglieren
tintar(se)	färben
disminuir *irr*	verringern, reduzieren

Ejercicio 1: Imperfecto. Lesen Sie weiter und ergänzen Sie die Verbformen im Imperfecto!

Su mujer, por su parte, **1.** hacer ____________ malabares para mantener su negocio sin pérdidas. Difícil. En épocas duras, ir a la peluquería no es una necesidad de primera mano. Muchas de sus clientas ahora **2.** tintarse ____________ el pelo en casa e **3.** ir ____________ solo en caso de extrema urgencia. Al contrario que su marido, su volumen de trabajo sí había disminuido. Lo **4.** notar ____________ el 30 de cada mes, siempre que **5.** sacar

__________ las cuentas. **6.** Resistirse __________ a cerrar, a pesar de los números. Aunque le **7.** rondar __________ por la mente desde **8.** hacer __________ un tiempo y no **9.** saber __________ cuánto más podría **aguantar**. Esperanzada, prefería pensar, como le decía Héctor, que la situación era **pasajera**.

Fue precisamente en ese momento, en el que la peluquería pasaba días sin lavar una sola cabeza y el hospital **recortaba** aún más el personal, cuando Andrés, un viejo amigo, se presentó ante Héctor con un **ruego**.

—A ver, ¿qué era eso tan importante que no podía esperar al fin de semana?

—Estoy **metido en un lío**.

—¿Otra vez? Te advierto que si necesitas dinero **lo tienes crudo**. **Estoy tieso**. Yo a media jornada y Carmen sin clientas... tú me dirás.

—No, no es eso. Me van a echar del equipo.

aguantar	aushalten, ertragen
pasajero	vorübergehend
recortar	kürzen
ruego *m*	Bitte
ϟ meter en un lío	in der Klemme stecken
ϟ tenerlo *irr* crudo	schlecht aussehen
ϟ estar *irr* tieso	pleite sein
girar en torno	sich drehen um

Andrés era ciclista, ciclista profesional. Aprendió a montar en bici casi antes que a andar y su vida entera **giraba en torno** a ella. La afición le venía de su padre, quien le enseñó a **mantener el equilibrio** y le quitó los ruedines (i) cuando todavía llevaba **chupete**. Desde bien pequeño entró en un club deportivo. Entrenaba cada semana y, cuando se acercaban los **campeonatos**, todos los días. Participaba en torneos locales, regionales, incluso nacionales. Y era muy bueno. Era tan bueno que los demás clubes **se** lo **rifaban**, a pesar de sus continuas negativas.

> **Ruedín** bzw. **ruedines** bezeichnet die Stützräder für das Fahrrad. Im **Diccionario de la Real Academia Española (DRAE)** ist dieser Begriff nicht gelistet, alternativ kennt man **ruedas supletorias** oder **ruedas de apoyo.**

Él había nacido en un pueblo de la sierra de Madrid y no entraba en sus planes marcharse. Como se conocían desde niños, Héctor sabía lo que significaba para su amigo el equipo. No tenía estudios ni oficio alguno. Él era ciclista, como decía siempre que el tema **salía a relucir**. "¿Y tu futuro?", le preguntaban. "Cuando el futuro llegue —contestaba—, crearé mi propio equipo".

mantener *irr* **el equilibrio**	Gleichgewicht halten
chupete *m*	Schnuller
campeonato *m*	Meisterschaft
rifarse	sich reißen um
salir *irr* **a relucir**	zur Sprache kommen
pesado	*hier*: lästig
dopaje *m*	Doping

—¿Cómo que te van a echar? —reaccionó rápidamente Héctor—. No digas tonterías. ¡Eres el capitán!

—Precisamente por eso. Están muy **pesados** con el tema del **dopaje** y nos van a hacer unas pruebas pasado mañana.

—¿Y a ti qué más te da? ¿Me vas a decir que ahora te drogas?

—Dicho así Pero, ¿cómo te crees que aguanto el ritmo? Lo hacemos todos.

—¿Me estás hablando en serio? —Héctor no podía creer lo que estaba escuchando—. Si es verdad que lo hacéis todos, no te echarán.

Ejercicio 2: Traducción. **Bringen Sie die Buchstaben in die richtige Reihenfolge und finden Sie die richtige Übersetzung!**

1. Sattel — ilsíln — s__________
2. Rad — derau — r__________
3. Pedal — dlpae — p__________
4. Bremse — nfore — f__________
5. Gänge — srcmhaa — m__________

—La Federación se ha vuelto muy estricta con los últimos escándalos. Pero no es mi caso. Lo que yo tomo es solo para mantenerme en forma. Es mucha responsabilidad ser el capitán. Tengo que estar al 100 % cada día, física y anímicamente, tengo que tirar de los compañeros, ayudarlos...

—A mí no me tienes que **convencer**. Si te quieres engañar a ti mismo, allá tú.

—Quizá tengas razón.

—¿Quizá? —Héctor no salía de su **asombro**—. Lo que hay que oír.

convencer *irr*	überzeugen
asombro *m*	Staunen
muestra *f*	Probe
darse *irr* cuenta	etw. merken

—Es verdad, no puedo seguir así. Pero no me va a servir de nada cuando nos hagan el control. Por eso tienes que ayudarme.

—¿Yo? Pues ya me dirás tú cómo.

—Me he informado. Nos van a hacer un análisis de sangre, y las **muestras** las van a llevar a un hospital para obtener los resultados. Tu hospital. ¿**Te das cuenta**?

—¿Y qué más da que sea en mi hospital o en otro?

—Tienes que dar el cambiazo.

—¿Qué? —Sorprendido, Héctor estuvo a punto de derramar la cerveza sobre la barra.

—No te alteres. Es muy fácil. Solo tienes que cambiar mi muestra por otra. Tú eres enfermero, no te resultará difícil.

—Tú estás loco. ¿Quieres que me despidan? No cuentes con ello.

—Te lo pido, por favor. Necesito que me ayudes, será solo esta vez, te lo juro. Si no lo haces, me abrirán un expediente, me expulsarán del equipo, la Federación me sancionará y no podré fichar por ningún otro club. Me estoy jugando mucho.

Andrés necesitó más de una caña para convencerlo, pero lo consiguió. Sus años de amistad y la situación a la que se enfrentaba ayudaron mucho a que Héctor tomara la decisión. No estaba orgulloso de lo que iba a hacer, pero lo hizo. Primero pensó en intercambiar la muestra por su propia sangre. "Cuantos menos implicados, mejor", se dijo. Pero no tenían el mismo grupo sanguíneo. Héctor tenía cero negativo, un grupo sanguíneo poco común. Así que no tuvo más remedio que escoger un paciente al azar. Había pasado toda la noche sin dor-

Das Suffix **-azo** vereint im Spanischen mehrere Bedeutungen in sich. Es kann der Vergrößerung bzw. Aufwertung von Substantiven dienen: **la mano - la manaza, el padre - el padrazo** (guter Vater). Gleichzeitig verweist es auf eine schnelle Bewegung oder einen Schlag: **el codo - el codazo.** In diesem Fall ist das Substantiv immer männlich: **el manotazo** (Schalg mit der Hand), **el portazo** (Schlag mit der Tür).

derramar	verschütten
barra *f*	Tresen
sancionar	bestrafen
fichar	unter Vertrag nehmen
caña *f*	kleines Bier
orgulloso	stolz
al azar	aufs Geratewohl

Pluscuamperfecto wird mit der Imperfekt-Form von **haber** und dem Partizip Perfekt des Verbs gebildet. Es wird verwendet, um Handlungen zu beschreiben, die noch vor einer anderen Handlung in der Vergangenheit geschehen sind.

mir y cruzó la Castellana como todos los días sin prestar atención al tráfico. Era incapaz de pensar en otra cosa. Por eso le sorprendió tanto la sencillez de toda la operación. La falta de personal favorecía esa **escasa vigilancia** de la que él se aprovechó. Toda la **tensión** acumulada en las últimas horas **se desvaneció** al instante. Y le cambió el humor. Pasó el resto del día alegre, esperando encontrarse de nuevo con su amigo para contarle la **hazaña**.

escaso	spärlich
vigilancia *f*	Überwachung
tensión *f*	Anspannung
desvanecerse *irr*	verschwinden
hazaña *f*	Heldentat
desconfiar	misstrauen

—¡Eres un crack! Sabía que podía contar contigo. ¡Muchísimas gracias! —Andrés se sentía eufórico con la noticia.

—De nada. Pero lo he pasado mal, no te creas. Aunque luego ha sido todo tan fácil...

—Claro que sí, si esto está a la orden del día, te lo digo yo.

—Bueno, no creo yo que... —Héctor **desconfiaba** de la seguridad con la que hablaba su amigo.

Ejercicio 3: ¿Verdadero o falso? Welche Aussagen sind richtig? Kreuzen Sie an!

1. Héctor trabaja en la sala de quirófanos. ❒
2. Andrés y Héctor se conocen desde hace años. ❒
3. Andrés tiene problemas económicos. ❒
4. Héctor tiene sus dudas ante la petición de su amigo. ❒
5. Andrés tiene miedo de perder su empleo. ❒

—Y ahora con las nuevas **restricciones**... Si quieres repetir, clientes no nos van a faltar.
—¿Pero de qué estás hablando? Me dijiste que sería solo una vez.
—No hablo de mí. Yo solo digo que es un negocio fácil. Facilísimo, tú mismo lo has dicho —Andrés **se recolocó** en la silla y bajó la voz antes de seguir hablando—. Conozco a muchos que están en mi misma situación. Gente de otros equipos, de otros deportes. No te hablo de deportistas **aislados**, te hablo de equipos completos, de entrenadores que lo **promueven** (sí, también los hay) y que ahora se encuentran en un **aprieto**. Tengo contactos en la Federación, no solo en la de ciclismo, y sé que los controles se van a volver rutinarios.
—¿En qué andas metido?
—No estoy metido en nada. Mi problema lo conoces y ya está solucionado. Lo que te estoy diciendo es que podríamos solucionar otros muchos. El dinero no sería ningún **inconveniente**. ¿No ves que se trata de profesionales? Pon tú el precio. Mil, dos mil euros. Lo repartiríamos a partes iguales. Piénsalo.
—No tengo nada que pensar. No te reconozco. Me propones un **fraude**, ¿te das cuenta? Búscate a otro que te haga el trabajo sucio. Gracias por las cañas.
Héctor se levantó de la mesa y se fue, ignorando las llamadas de su amigo. Las ignoró ese día y los siguientes. No sabía muy bien quién le había metido a su amigo todas esas ideas en la cabeza ni entendía cómo podía **siquiera** tenerlas. Esta vez, pensó Héctor, Andrés no lo iba a convencer.

restricción *f*	Einschränkung, Kürzung
recolocarse	sich zurücklehnen
aislado	einzeln, vereinzelt
promover *irr*	fördern
aprieto *m*	Bedrängnis, Klemme
inconveniente *m*	*hier*: Hindernis, Problem
fraude *m*	Betrug
siquiera	überhaupt

Ahora, cuando se despierta alterado por sus propios sueños y por las mismas imágenes que se repiten cada noche, recuerda esos momentos en los que su conciencia conservaba el control y se sentía con fuerza suficiente para mantener el *no*. Ese control y esa fuerza, por desgracia, no durarían demasiado.

Semanas después del último encuentro, Héctor había dejado de ir a la **peña**. Ya no echaba la quiniela[i] ni veía los partidos en el bar, dejó también de **acudir a** las copas de los sábados. No quería encontrarse con Andrés. Ellos dos sabían por qué. Para el resto, incluida su mujer, las excusas variaban desde el "me encuentro mal", "estoy cansado", "hoy no tengo ganas de salir", al "para copas estoy yo". Y no le faltaba razón. Medio **sueldo** de enfermero y una peluquería en bancarrota no pagaban la hipoteca de la casa ni las **letras** del coche.

La Quiniela ist in Spanien eine beliebte Sportwette für Fußball und die spanische Liga. Hierbei tippt man jede Woche die Ergebnisse der anstehenden Spiele und füllt seinen Toto-Schein aus: 1 (Heimmannschaft gewinnt), X (Unentschieden) oder 2 (Auswärtsmannschaft gewinnt).

peña *f*	*hier*: Tippgemeinschaft
acudir a	hingehen
sueldo *m*	Gehalt
letra *f*	Wechsel(brief)
alquiler *m*	Miete
plazo *m*	Frist, Aufschub

—Estoy pensando en cerrar. —Carmen entró en el comedor con aquella noticia sin tan siquiera saludar.

—¿Cómo?

—Toda la tarde allí y no ha entrado ni una sola clienta. Ni ayer, ni antes de ayer. Esta mañana ha venido Teresa a recortarse las puntas. Hemos hecho veinte euros de caja en lo que va de semana. A este paso no voy a poder pagarle a Eva a final de mes.

—Mujer, será esta semana.

Ejercicio 4: Disciplinas. **Ordnen Sie den Begriffen die passende Sportart zu!**

pelota	tenis	golf	fútbol	hockey sobre hielo

1. balón[i], portería, gol ____________________
2. balón, canasta, cancha ____________________
3. pelota, raqueta, red ____________________
4. disco, pista, stick ____________________
5. pelota, palo, hoyo ____________________

—Llevamos así muchas semanas. El mes pasado no pagamos el alquiler, ¿te acuerdas? Menos mal que Lucía nos conoce y no nos pone problemas, porque si no…
—No puedes cerrar, con mi sueldo no llegamos.
—Yo había pensado en vender la maquinaria y trabajar desde casa. Para cuatro clientas que me quedan…
—No, mujer, no. Mejorará. Baja los precios, pídele un plazo a Lucía, habla con Eva…
—Todo eso ya lo he hecho, ¿qué te crees? Parece que no quieres ver el problema, pero esto no es nuevo. ¿Y con Alejandra qué hacemos?
—¿Qué pasa con Alejandra?

Gemäß des **DRAE** ist ein **balón** größer als eine **pelota.** Oftmals werden diese Begriffe aber synonym verwendet, z. B. kann man für Fußball oder Basketball problemlos beide Wörter benutzen. Tennis- und Golfbälle dagegen nennt man lediglich **pelota.** Aufgepasst! **Bala** (Kugel) klingt sehr ähnlich, ist jedoch kein Synonym.

—Pues que quiere irse de viaje de estudios, normal, pero por muchas papeletas[i] que venda...

Normalerweise verkaufen Schüler für die bevorstehende Klassenfahrt immer etwas, um ein bisschen Geld zu verdienen. Typisch sind **papeletas** (Lotto-Beteiligungen) im Rahmen der **Lotería de Navidad. Papeletas** zu verkaufen bedeutet, nur Anteile, d. h. Beteiligungen an einem Spielschein (**décimo**) anzubieten. Sie kosten weniger, daher ist auch das Taschengeld nicht so schnell verdient.

—Bueno, déjame que lo piense. Si hablo con Ricardo puede que me dé unas horas extras en el hospital.

Esa misma noche reaccionó ante las llamadas perdidas de su móvil.

—Mil euros. Las condiciones las pongo yo. Si lo hacemos, lo hacemos a mi manera.

2 La noticia

Las horas extras de Héctor funcionaban cada vez mejor. Mucho mejor de lo esperado. Al recordarlo, en la distancia, él mismo se **maldice** por lo **inconsciente** que fue y por no **haber parado** a tiempo. Unos cuantos **encargos** le habrían bastado[i] para solucionar sus principales **deudas**: el alquiler de la peluquería, la hipoteca de la casa, el coche... Pero cuando el dinero llega tan rápido, pronto aparecen nuevas **excusas** para seguir adelante. Primero fue el viaje de estudios de Alejandra, luego las clases de inglés para la pequeña, más tarde un nuevo mes de alquiler y, después, una cuota más para la hipoteca. Sin darse cuenta entró en una **vorágine** difícil de **superar** y que, además, en aquel entonces era incapaz de ver.

> Das **Condicional perfecto** wird mit der **Condicional**-Form des Verbs **haber** und einem **Partizip** gebildet. Es dient der Beschreibungen von Handlungen, die in der Vergangenheit nicht stattgefunden haben oder die nur eine Vermutung darstellen.

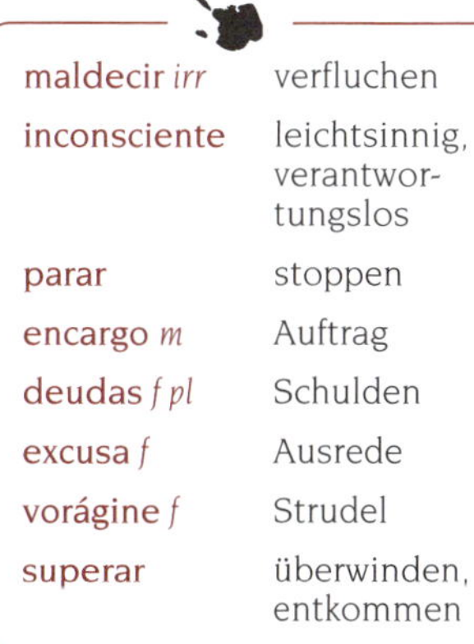

maldecir *irr*	verfluchen
inconsciente	leichtsinnig, verantwortungslos
parar	stoppen
encargo *m*	Auftrag
deudas *f pl*	Schulden
excusa *f*	Ausrede
vorágine *f*	Strudel
superar	überwinden, entkommen

—Héctor, necesito dos pruebas para mañana. —Con el tiempo, los saludos dejaron de ser necesarios entre ellos.

—¿Para mañana? Imposible, ya sabes que los martes no puedo.
—Tienes que poder. Es muy importante.
—Todos son importantes. Mañana no puede ser. **Pasado**, lo que quieras.
—Tiene que ser mañana. No te lo puedo explicar por teléfono, mejor nos vemos más tarde en el bar. ¿A las ocho?
—Como quieras, pero ya sabes cuál es mi respuesta.

Carmen consiguió mantener la peluquería abierta. Aunque las clientas seguían siendo escasas, **el agua ya** no **les llegaba al cuello**. Conservar el negocio no era entonces tan complicado. Algunas vecinas iban tan solo para **cuchichear**. Les parecía extraña esa **inyección de fondos** tan **repentina** y **cotilleaban** al respecto sin ningún tipo de **pudor**. Lo de las horas extras no lo creía ni la propia Carmen, que conocía muy bien la situación laboral de su marido. La segunda versión, aquella en la que Ricardo, el jefe de Héctor, le había conseguido a su marido un contacto para visitas a domicilio, le parecía más probable. Y así lo contaba cuando alguien se lo preguntaba.

Ejercicio 5: Sopa de letras. **Finden Sie im Gitterrätsel fünf Verben zum Thema Friseur!**

T	A	S	U	B	I	L	Z
O	P	E	C	A	R	L	N
Z	U	C	O	R	T	A	R
W	B	A	I	R	I	V	E
U	G	R	E	N	N	A	H
F	L	I	D	J	T	R	O
C	R	A	M	O	A	S	Ñ
P	E	I	N	A	R	P	A

—Desde que ha empezado con las visitas, no para. —La historia era siempre la misma. Variaba algunas palabras, o la entonación, pero el mensaje llegaba por igual a todas las que **asomaban** la cabeza por allí—. Nos **ha venido de perlas**, la verdad. Yo no sé qué habríamos hecho si no. Yo ya creía que nos tendríamos que ir a vivir con mi madre. ¡Menos mal! ¿Te imaginas? ¿Los cuatro viviendo con mi madre? No aguanto ni dos días.

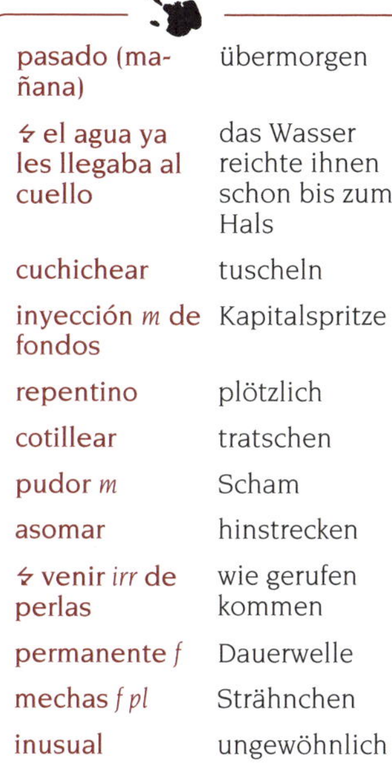

pasado (mañana)	übermorgen
ϟ el agua ya les llegaba al cuello	das Wasser reichte ihnen schon bis zum Hals
cuchichear	tuscheln
inyección *m* de fondos	Kapitalspritze
repentino	plötzlich
cotillear	tratschen
pudor *m*	Scham
asomar	hinstrecken
ϟ venir *irr* de perlas	wie gerufen kommen
permanente *f*	Dauerwelle
mechas *f pl*	Strähnchen
inusual	ungewöhnlich

—Mujer, una madre es una madre —contestaba tanto la que se hacía la **permanente** como la que se ponía **mechas**.

—Sí, sí, pero cada una en su casa y los domingos nos vemos para comer. Así nos llevamos perfectamente.

Ejercicio 6: Completar. Lesen Sie weiter und ergänzen Sie die richtigen Übersetzungen!

Héctor llegó **1. pünktlich** ____________ a su **2. Termin** ____________. En cuestión de negocios, no se permitían los retrasos. Andrés tampoco tardó. En él era más **inusual**. Entre los **3. Freunde** ____________ eran famosos sus excusas, a cada cual más **inverosímil**, para excusar que, otra vez, volvía a ser el **4.** letzte ____________ en llegar. Hacían incluso **apuestas** para ver si **implicaba** a su **5.** Schwester ____________, su **6.** Großvater ____________, se trataba del tráfico en la M-30 (i) o de un simple **pinchazo**.

—No voy a cambiar de opinión, si es lo que **pretendes**. —Héctor prefirió dejar clara su **postura** desde el principio.

—Cuando te diga de quién se trata, ya me dirás si cambias o no cambias de opinión.

> Die **M-30** ist eine Autobahn, auf der man das Madrider Zentrum auf einer Länge von 32,5 Kilometern umfährt. Sie ist damit die am stärksten frequentierte Straße der Hauptstadt. Aufgrund Ihrer Länge und der Konzeption als 3. Stadtring erhielt sie ihren Namen.

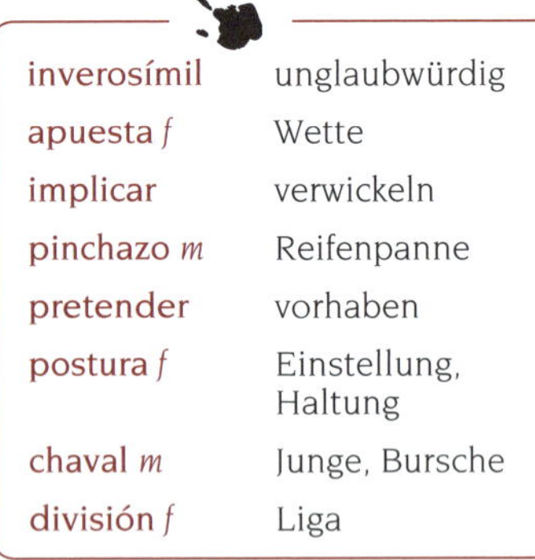

inverosímil	unglaubwürdig
apuesta *f*	Wette
implicar	verwickeln
pinchazo *m*	Reifenpanne
pretender	vorhaben
postura *f*	Einstellung, Haltung
chaval *m*	Junge, Bursche
división *f*	Liga

—Sorpréndeme.

—Alonso Contreras —contestó bajando la voz y marcando un silencio dramático que mantenía con la mirada.

—¿Contreras? ¿El jugador de fútbol?

—El mismo.

—Pero no me digas que ese **chaval**, con lo joven que es…

—Te lo tengo dicho, no es cuestión de edad. Titular en primera **división**, liga, copa, champions… Eso es demasiado para cualquiera.

—Pero no puede ser, mañana es imposible. Te digo que no puedo.

—Mira que eres **cabezota**, ¿no ves que no lo podemos **rechazar**? —Andrés ya no sabía qué argumentos utilizar.

—Me has pedido dos pruebas, ¿la otra para quién sería?

—Para Fran Díaz. De la **cantera** de toda la vida, jugaba en segunda división hasta la **temporada** pasada.

—Sí, ya sé quién es.

—Bueno, ¿qué dices?

—Por menos de 4000 no lo hago, la urgencia y el **riesgo** también se pagan.

—¡Hombre! ¡Eso por supuesto! Con esta gente el dinero no es problema, ya lo sabes. ¡Echemos[i] otra que esto hay que celebrarlo!

cabezota *f*	Dickkopf
rechazar	ablehnen
cantera *f*	*hier*: Kaderschmiede
temporada *f*	Saison
riesgo *m*	Risiko
exultante	jubelnd

Die positive Befehlsform für die 1. Person Plural wird mit **Presente de subjuntivo** gebildet und mit „lass uns" übersetzt. **¡Echemos otra (cerveza)!** Lass uns noch eins trinken!

Ejercicio 7: Condicional. Lesen Sie weiter und ergänzen Sie die Verbformen im Condicional!

Esa noche la cerveza corrió por litros. Ambos estaban **exultantes**. Aquel encargo no solo les daría dinero. Les **1.** traer ________________ contactos, les **2.** abrir ________________ la puerta de los deportistas de élite, les **3.** acercar ________________ al mundo empresarial, les **4.** introducir

_______________ **de golpe** en otro nivel. A partir de ese momento, su situación **5.** cambiar _______________ por completo. No sabían entonces hasta qué punto **estaban en lo cierto**. Ese pedido **6.** hacer _______________ saltar todas las alarmas.

Durante meses habían actuado sin ningún peligro, con toda normalidad y libres de cualquier cargo. No pensaron en ningún momento que sus planes **se torcerían** hasta el día que abrieron el periódico con el siguiente titular: "**Detectan células cancerígenas** en un test antidopaje realizado a Contreras".

de golpe	mit einem Schlag, auf einmal
estar *irr* **en lo cierto**	recht haben
torcerse *irr*	*hier*: fehlschlagen
detectar	entdecken
célula *f* **cancerígena**	Krebszelle
línea *f*	*hier*: (Telefon-)Leitung
⚡ **¡no me jodas!**	Erzähl mir keinen Scheiß!
llamada *f* **perdida**	Anruf in Abwesenheit
atreverse	sich trauen

—¿Has leído el periódico? —Andrés fue el primero en llamar la atención sobre la noticia.
—Lo estoy viendo ahora mismo —contestó Héctor al otro lado de la **línea**.
—¿Qué vamos a hacer? ¡Está claro que no tiene cáncer!
—Tranquilízate. Pueden pensar que se trata de un error. Esas cosas pasan.
—¡**No me jodas**, Héctor! Esto es serio. Tengo cuatro **llamadas perdidas** de Contreras y no **me atrevo** a contestarle el teléfono. ¿Qué

se supone que le tengo que decir? ¿Se puede saber de dónde sacaste la sangre?

—¿Ahora la culpa es mía? ¡Lo que faltaba! Cogí la sangre de un paciente, ¿cómo iba a saber que tenía cáncer?

—Pues no es tan difícil. Tú que eres enfermero lo deberías saber.

—¡No me diste tiempo para comprobarlo! ¡Te dije que no era un buen momento!

—Bien, lo que tú digas[i], pero ¿y qué hacemos?

> Ausdrücke wie **como quieras, cuando quieras, con quien quieras, donde quieras, como digas, lo que digas…** benötigen immer **Subjuntivo.** Die Formulierung zeigt an, dass die Entscheidung von jemand anderem getroffen wird und ungewiss ist.

—Mejor no hacer nada. Ahora tenemos que tener mucho cuidado. Le repetirán las pruebas, comprobarán que no está enfermo y… recemos para que no pregunten demasiado.

Sus rezos fueron inútiles, pues no hicieron falta más que un par de pruebas para levantar la liebre. Contreras dio positivo en consumo de drogas y, por supuesto, ni rastro de cáncer. Lo mismo ocurrió con Fran Díaz. Ampliaron las investigaciones a los últimos controles realizados esa semana y surgieron tres positivos más en el equipo de atletismo español. El negocio se les venía abajo sin tiempo de reacción. Los clientes les bombardeaban a llamadas, los antiguos exigían explicaciones, los nuevos, asustados por nuevos y mayores controles, ofrecían el doble del precio estipulado con el único objetivo de seguir pasando desapercibidos.

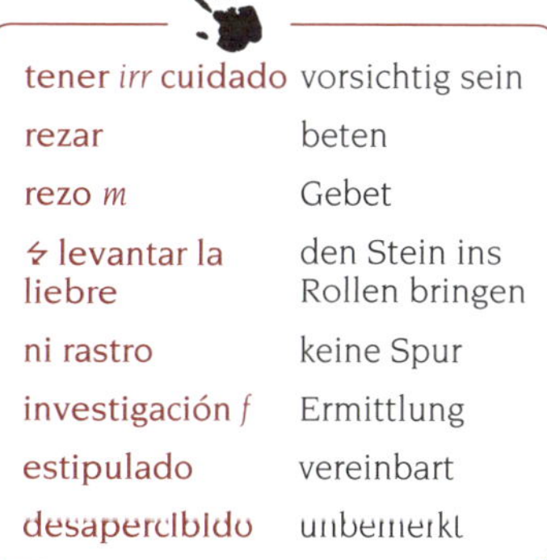

tener *irr* **cuidado**	vorsichtig sein
rezar	beten
rezo *m*	Gebet
ϟ **levantar la liebre**	den Stein ins Rollen bringen
ni rastro	keine Spur
investigación *f*	Ermittlung
estipulado	vereinbart
desapercibido	unbemerkt

Ejercicio 8: Combinar. **Ordnen Sie den Begriffen die passende Assoziation zu!**

1.	☐ artículo	a) color
2.	☐ enfermedad	b) análisis
3.	☐ bicicleta	c) titular
4.	☐ mechas	d) control
5.	☐ drogas	e) carrera

Durante la semana siguiente los medios no hablaron de otra cosa: fraude, tráfico de sangre, ganancias millonarias… Héctor y Andrés se sentían **vigilados**, controlados, a pesar de que nadie citó sus nombres. Todas las mañanas compraban los periódicos a primera hora y los abrían con miedo a las novedades. Medían cada paso y analizaban cada situación milimétricamente. No dejaban nada a la improvisación y empezaron a **sospechar** de cualquier persona. Principalmente de la redactora que firmaba todas las **primicias**, una misma periodista **empecinada** en saber la verdad.

vigilado	überwacht, beobachtet
sospechar	verdächtigen
primicia *f*	Exklusivmeldung
empecinado	hartnäckig

3 En la redacción

Clara Abad era una de esas periodistas **de raza** de las que ya quedan pocas. **Pisó** su primera redacción cuando aún no había cumplido los 18. En su primer año de carrera, su mayor preocupación no era la Lengua Española ni la Teoría de la Comunicación, una asignatura **infumable** en cualquier momento de los estudios, pero que a ella se le hacía especialmente **tediosa** recién llegada del instituto.

de raza	*hier*: heißblütig, leidenschaftlich
pisar	betreten
infumable	unzumutbar
tedioso	langweilig
a pesar de	trotz

Ejercicio 9: ¿Imperfecto o indefinido? Lesen Sie weiter und ergänzen Sie die richtige Verbform!

No **1.** preocuparse ________________ por estudiar más de lo estrictamente necesario, su principal objetivo **2.** ser ________________ conocer el mundillo de la profesión desde dentro y desde bien temprano. **3.** Tener ________________ la suerte de estudiar en Madrid, por lo que **a pesar de** las muchas negativas que **4.** recibir ________________ en los primeros meses, aún **5.** quedar ________________ algún medio pequeño, desconocido, insignificante en el que probar suerte. **El que la sigue la consigue**, como se suele decir, y ella lo **6.** conseguir ________________ antes de llegar la primavera.

Clara encontró unas prácticas sin cobrar, por supuesto, sin horario fijo, por supuesto, y para reescribir teletipos y breves, por supuesto, en un periódico gratuito que repartían a la entrada del metro y en la zona universitaria. Allí, encantada de la oportunidad que la vida le ofrecía, comenzó a amar un poco más la profesión y a odiarla a momentos. Después de aquel periódico llegaron otros, más tarde fue una emisora de radio, luego un medio digital cuando empezaron a surgir... hasta que, en algún punto de esa carrera de fondo, un jefe considerado y honrado le ofreció un sueldo fijo y vacaciones pagadas. Aquello sí era el paraíso.

ϟ el que la sigue la consigue	was lange währt, wird gut
teletipo *m*	Fernschreiber
breve *m*	Kurzmeldung
repartir	verteilen
surgir *irr*	entstehen, aufkommen
carrera *f* de fondo	*hier*: Durststrecke, zäher Werdegang
sueldo *m* fijo	Festgehalt
rueda *f* de prensa	Pressekonferenz

Ese mismo jefe la introdujo en la sección de deportes. Era la única mujer del equipo y una de las pocas que visitaba cada semana las ruedas de prensa y los entrenamientos de fútbol. Con el tiempo se hizo un nombre en el periodismo deportivo. El día que publicó que

Alonso Contreras tenía cáncer y, sobre todo, el día que hizo público que las pruebas antidopaje habían sido manipuladas[i], logró hacerse un hueco en el cuadro de honor. Ese día su nombre apareció indirectamente en todos los medios nacionales.

> Das Vorgangspassiv wird mit **ser** + Partizip gebildet. Die Zeitform ist variabel: **es manipulada, ha sido manipulada, fue manipulada, será manipulada** u. a. Wichtig: Das Partizip wird an das Bezugswort in Zahl und Geschlecht angepasst. In der Alltagssprache nutzt man trotzdem häufiger die **Pasiva refleja**-Formen **se** + 3. Person Singular/Plural: **Se manipularon las pruebas.**

—¿Estás segura de lo que dices?

—Habían pasado varios años desde ese primer contacto entre Julio Hidalgo y Clara Abad y desde esas primeras vacaciones pagadas, que ella disfrutó en Túnez. En ese tiempo Clara le había dado a él muchas exclusivas y grandes reportajes, pero nada como lo que esta vez le relataba.

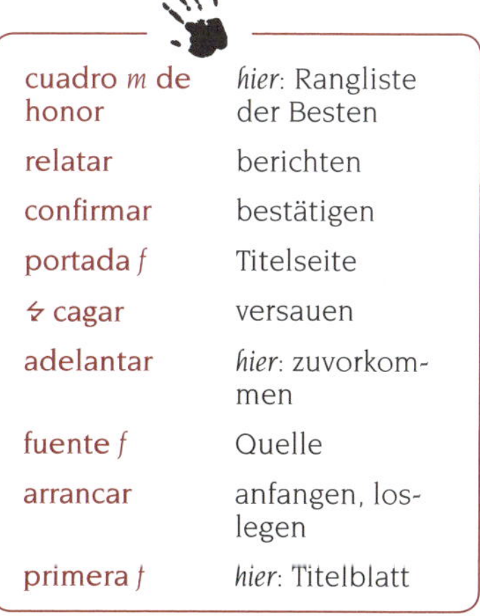

cuadro *m* de honor	*hier*: Rangliste der Besten
relatar	berichten
confirmar	bestätigen
portada *f*	Titelseite
⚡ cagar	versauen
adelantar	*hier*: zuvorkommen
fuente *f*	Quelle
arrancar	anfangen, loslegen
primera *f*	*hier*: Titelblatt

—Completamente. Tengo un contacto en el equipo y me lo ha confirmado. No tiene cáncer. La sangre del control no era suya.

—Esto es muy gordo. No podemos salir en portada con una bomba de este calibre y luego cagarla.

—Te digo que no. No está enfermo y no supera los controles de dopaje. Si no lo publicamos nosotros, se nos van a adelantar.

—Está bien. Habla con los técnicos de laboratorio y con tu contacto. Entérate de quién está al tanto de todo y busca datos concretos. Quiero fuentes que podamos citar. Arrancas en primera y vas a doble página en el interior.

El cierre de la primera edición se retrasó, pero mereció la pena. Al día siguiente no se hablaba de otra cosa más que de aquel titular a cinco columnas. Las reacciones no se hicieron esperar. Ruedas de prensa improvisadas y comunicados oficiales. Los afectados y sus representantes no tardaron en vincular los resultados con medicamentos inofensivos contra el insomnio o la gripe. Cuando les preguntaban por la confusión de los análisis, no respondían más que con evasivas y se presentaban como las víctimas de un error. En el caso de Contreras, hablaban incluso del trastorno emocional que se le había causado al joven futbolista y de las consecuencias que aún arrastraba.

cierre *m*	*hier*: Redaktionsschluss
merecer *irr* la pena	sich lohnen
comunicado *m*	Stellungnahme
vincular	verknüpfen
inofensivo	harmlos
insomnio *m*	Schlaflosigkeit
evasiva *f*	Ausrede, Ausflucht
trastorno *m*	Durcheinander
arrastrar	nach sich ziehen
ϟ tragar	schlucken (glauben)

—Estos se creen (i) que somos tontos. —Clara era muy crítica con estos argumentos, pues tras el resultado de los atletas se había demostrado que no se trataba de un hecho aislado—. Si se creen que me voy a tragar todas esas mentiras, lo llevan claro.

Achten Sie bei Meinungsäußerungen darauf, dass nur nach verneinten Verben wie **creer, opinar, pensar, parecer... Subjuntivo** gefordert ist:
Creo que se trata de un delito.
No creo que se trate de un delito.

—¿Has hablado con tu contacto? —preguntó Hidalgo—. ¿Qué pasa con el resto del equipo?

—Los demás están limpios. Todos los equipos están repitiendo los controles.

—Tendremos que controlar los nuevos resultados.

Ejercicio 10: Traducción. **Übersetzen Sie die Begriffe zum Thema Journalismus und schreiben Sie den Artikel dazu!**

1. Überschrift ____________________
2. Zeitung ____________________
3. Titelseite ____________________
4. Pressekonferenz ____________________
5. Quelle ____________________

Entre tantas quejas y peticiones, Héctor y Andrés supieron seleccionar los casos más significativos. Escogieron primero a jugadores de fútbol y baloncesto por ser más mediáticos. Atendieron también a algunos jugadores de tenis y ciertos ciclistas, por eso de que eran compañeros de profesión. Gracias a estas precauciones consiguieron ganar algo de tiempo. Los deportistas más famosos mantuvieron intacta su reputación. Descuidaron, sin embargo, a otros menos conocidos, a través de los cuales Clara empezó a sacar conclusiones.

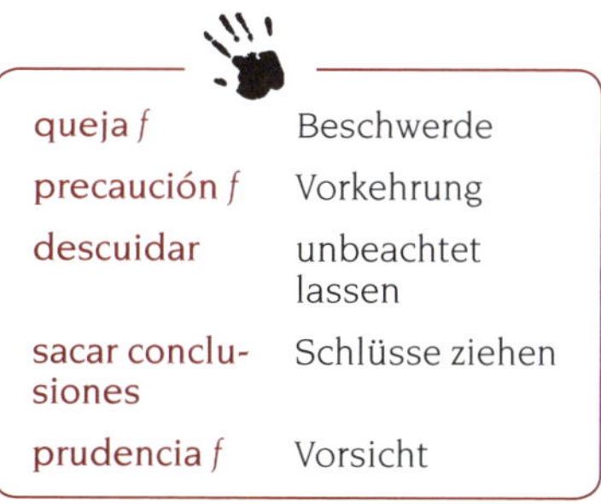

queja *f*	Beschwerde
precaución *f*	Vorkehrung
descuidar	unbeachtet lassen
sacar conclusiones	Schlüsse ziehen
prudencia *f*	Vorsicht

—Debemos mostrar tranquilidad —Héctor era siempre la voz de la prudencia—. Será mejor que nos estemos quietos un tiempo.

—¿Pero cómo? No paro de recibir llamadas. Si no actuamos, van a descubrirlo todo. No servirá de nada todo lo que hemos hecho. Tendremos que **devolver** el dinero.

—No **saques las cosas de quicio**, me estás poniendo nervioso.

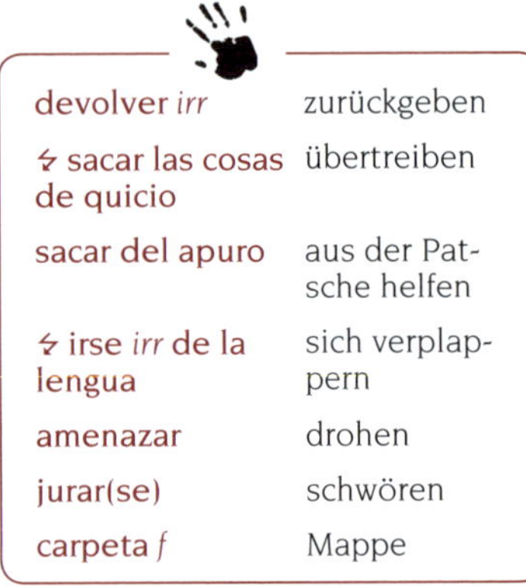

devolver *irr*	zurückgeben
ϟ sacar las cosas de quicio	übertreiben
sacar del apuro	aus der Patsche helfen
ϟ irse *irr* de la lengua	sich verplappern
amenazar	drohen
jurar(se)	schwören
carpeta *f*	Mappe

—Cómo se nota que no tienes que contestar tú al teléfono.

—¡Pues no lo cojas! Siempre la misma excusa.

—Tú lo ves todo tan fácil.

—Porque lo es. —Así empezaba la discusión y así podían alargarla toda la noche.

Esa misma conversación se repetía cada noche, y cada noche decidían que **sacarían del apuro** solo a uno más. "Porque **se** va a **ir de la lengua**", "porque nos está **amenazando**", "porque sería un escándalo", se decían y, entre cervezas, **se juraban** que sería el último. La decisión les duraba únicamente hasta la salida del Sol, cuando el teléfono volvía a sonar, los periódicos volvían a salir y Héctor recorría nuevamente la Castellana camino del trabajo haciendo cálculos mentales y midiendo las consecuencias. De nuevo se acercaban los pagos del alquiler y la hipoteca, el frigorífico se había estropeado… Los números siempre le salían en rojo. A la noche siguiente, otra vez, se volvían a hacer promesas que sabían que no podrían cumplir.

—Hidalgo, fíjate en esto. —Clara entró en el despacho de su jefe muy decidida y con una **carpeta** en la mano.

—¿Qué tienes?

—He hablado con el médico del equipo y me ha dicho que la misma semana de las primeras muestras de Contreras se hicieron pruebas en casi todos los equipos de segunda división.

—¿Y?
—Pues que esos controles se repitieron y al menos en veinte casos el resultado ha sido positivo.
—¿Han dado explicaciones?
—¡**Qué va!** Nadie habla.
—Pues tendremos que provocar que hablen. Ahí está la **clave** —señaló el redactor jefe—. Debemos investigar a los que den positivo esta vez. Dónde, cuándo y cómo se hicieron los primeros análisis.
—Creo que va mucho más allá del fútbol. Acuérdate de (i) los atletas. El problema es que hay un silencio generalizado y todos **se niegan** a colaborar.
—Alguien habrá. Búscalo. Siempre lo hay.
Clara se sentó en su mesa a hacer una lista de todas sus personas de **confianza** y los llamó uno a uno. Necesitaba conocer la dimensión del problema para afrontarlo. Con promesas de **confidencialidad** consiguió datos que hicieron crecer **considerablemente** su listado de positivos. Uno de sus contactos, técnico sanitario, la puso sobre la pista de algo importante.
—¿Por qué no se ha informado de esto? —le preguntó ella abiertamente.
—Son controles internos. Los propios equipos examinan a sus deportistas de manera rutinaria. No quieren verse metidos en esta historia y lo están llevando todo con bastante discreción.

Acordarse und **recordar** sind Synonyme. **Acordarse** ist ein reflexives Verb und benötigt immer die Präposition **de. Recordar** ist dagegen nicht reflexiv und wird ohne Präposition gebildet. Beide Verben vollziehen den Vokalwechsel von **o** zu **ue.**

¡qué va!	Ach was!, Blödsinn!
clave *f*	Schlüssel
negarse *irr*	sich verweigern
confianza *f*	Vertrauen
confidencialidad *f*	Vertraulichkeit
considerablemente	beträchtlich

Ejercicio 11: Subjuntivo. Ergänzen Sie die Verbformen im Presente de subjuntivo!

1. hacer (tú) ____________________
2. conocer (nosotros) ____________________
3. ir (vosotros) ____________________
4. coger (él) ____________________
5. ser (yo) ____________________

—Discreción, sí, pero todos saben que algo no está bien. De otra forma no desconfiarían de los resultados.
—Ante cualquier competición oficial los controles pasan a ser obligatorios. Es normal que quieran asegurarse antes.
—Ya veo. ¿Cómo puedo saber cuándo y quién realiza uno de esos controles rutinarios?
—Es fácil. ¿Cuál es el próximo campeonato importante?
—Las pruebas de clasificación para el europeo de gimnasia son la semana próxima.
—Ahí lo tienes. Una conocida trabaja de fisioterapeuta para la selección nacional, puedo hablar con ella si quieres.
—Sí, por favor. Me gustaría estar presente en uno de esos controles. Clara no pudo cumplir su deseo, pues las normas eran muy estrictas en esos temas. Se le permitió hacer preguntas, visitar las instalaciones, hablar con los gimnastas (i) y escuchar discursos maravillosos

Gimnasta ebenso wie **tenista, golfista, futbolista** u. a. bezeichnet die männliche und weibliche Person zugleich. Allein der Artikel zeigt an, um wen es sich handelt: **el surfista** (der Surfer), **la surfista** (die Surferin).

sobre la importancia de la condición física y el buen **rendimiento** para **evitar** ese tipo de problemas. El entrenador la invitó a pasar un día con ellos en el Centro de alto rendimiento (i). Ese día, además, se realizarían las pruebas que tanto le interesaban a ella, según le dijeron. A lo largo de la jornada fue **testigo** de diversos entrenamientos, comidas y **chequeos** médicos donde, además de sacarles sangre a los atletas, se les comprobaba el peso, la masa muscular y la resistencia física. Antes o después todos los chicos pasaron por aquella consulta, a la que ella tenía justamente **acceso restringido**. Esperó con paciencia hasta el final de la última visita para hablar con el médico responsable.

> Am **Centro de alto rendimiento (CAR)** wohnen, studieren und trainieren Profisportler unter optimalen Bedingungen. Hochleistungszentren wie das in Madrid finden sich z. B. auch in Barcelona oder León.

rendimiento *m*	Leistungsstärke
evitar	vermeiden
testigo *m/f*	Zeuge, Zeugin
chequeo *m*	Untersuchung
acceso *m* **restringido**	beschränkter Zutritt
⚡ **ir** *irr* **al grano**	zur Sache kommen
sin rodeos	ohne Umschweife

—Podría intentar despistarlo con preguntas banales sobre el peso y las condiciones físicas de las chicas más jóvenes, pero no quiero hacerle perder el tiempo. —Sentada frente al doctor al otro lado de su escritorio, Clara **fue al grano sin rodeos**—. Llevo todo el día esperando esta conversación. Usted y yo sabemos que lo que me interesa son los análisis de sangre.

—Usted dirá. ¿Qué quiere saber?

—¿Dónde los guardan? ¿Quién tiene acceso a ellos? ¿Quién es el primero en conocer los resultados?

—Pero, ¿qué se piensa? ¿Que los tengo aquí guardados en un frigorífico? —contestó medio riendo—. Yo les saco sangre y clasifico las pipetas con nombres y apellidos para que no se confundan. Del resto se ocupan en el laboratorio.

confundir	verwechseln

—¿Qué laboratorio?

—El del hospital. Aquí no tenemos ni el tiempo ni los medios para ello.

—¿Y qué hospital es?

—El Gregorio Marañón. Trabajamos con ellos desde hace años.

Ejercicio 12: ¿De quién se trata? Welche Beschreibung passt zu welcher Figur? Ergänzen Sie die Namen!

1. Dirige una sección en el periódico: ______________
2. Es ciclista profesional: ______________
3. Prefiere ver a su madre solo de visita: ______________
4. Trabaja desde los 18 años: ______________
5. Va a trabajar todos los días en coche: ______________

4 El laboratorio

El Gregorio Marañón. Ese hospital se repetía en mucha de la documentación que había recopilado a lo largo de su investigación. No se dedicaban exclusivamente a la gimnasia. En las pruebas de Contreras también era el centro responsable. Y según había comprobado a través de sus fuentes, lo había sido además para los equipos de segunda división, los ciclistas y los atletas. No podía ser casualidad.

—Hidalgo, no son los equipos, es el laboratorio. Estoy segura.

—No tenemos pruebas. Son solo especulaciones tuyas.

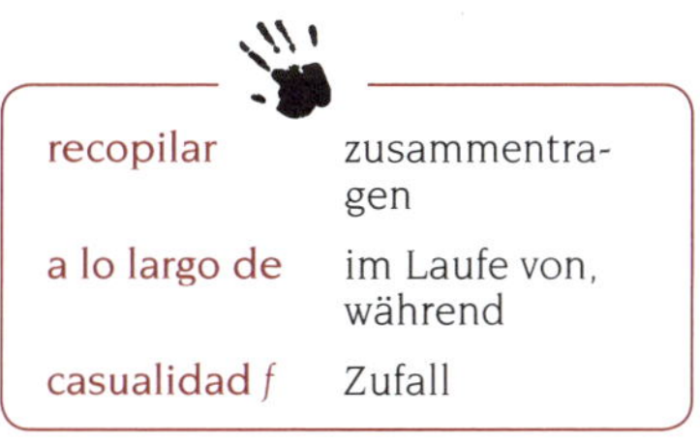

recopilar	zusammentragen
a lo largo de	im Laufe von, während
casualidad *f*	Zufall

Ejercicio 13: Diálogo. Lesen Sie weiter und bringen Sie den Dialog in die richtige Reihenfolge!

☐ **a)** –Es mejor esperar.

☐ **b)** –El único hecho que tenemos es que los análisis salieron del Gregorio Marañón. Publiquemos eso y esperemos a ver qué pasa.

☐ **c)** –Si publicamos esa noticia se **difuminará** todo. Déjame que me dé una vuelta por allí a ver si **me entero de** algo.

☐ **d)** –¿Esperar? ¿Ahora quieres esperar? ¡No hay quién te entienda!

☐ **e)** –Tú estás loca. ¿Qué quieres? ¿Ponerte una **bata** blanca y un **cartel** que ponga "doctora[i] Abad"?

☐ **f)** –Míralo bien. Todos los datos que tenemos de controles que se repitieron con diferente resultado se realizaron allí. Eso no son especulaciones, son hechos.

☐ **g)** –Si esa es la única manera, sí.

El hospital era tan grande que no le hizo falta la bata blanca ni el cartelito, simplemente **se adentró** en sus pasillos y se mezcló entre el personal y los familiares. No le costó demasiado encontrar el laboratorio, **al fondo** de un pasillo en la segunda planta. Se sentó al comienzo del pasillo con un libro en las manos y, mientras fingía que leía, observaba las entradas y salidas, que no eran muchas. Comprobó que entraban **celadores** y enfermeros, que todos lo hacían con **bandejas** o documentos y que

> Anreden auf Spanisch wie **señor/señora, don/doña, doctor/doctora** werden immer kleingeschrieben. Die Großschreibung ist nur für deren Abkürzungen bestimmt: **Sr./Sra., D./Dña., Dr./Dra.**

abrían la cerradura con llave. No había nadie dentro. Ese día no llegaron los técnicos, ni al siguiente. Cambió de pasillo para no llamar la atención y pasó al plan B.

—Buenas tardes —dijo al sentarse junto a una señora que tenía controlada desde el primer día.

—Buenas tardes.

—¿Le importa prestarme una revista? Aquí las esperas se hacen tan largas que una[i] ya no sabe qué hacer.

—Que me lo digan a mí, que llevo aquí más de diez días.

> Mit **uno/una** kann man im Spanischen auf einfache Weise Unpersönlichkeit ausdrücken. Das Subjekt nimmt sich sehr zurück bzw. kann für eine Allgemeinheit sprechen. Das Verb steht dabei immer in der 3. Person Singular. Alternativ verwendet man die 2. Person Singular: **Uno tiene que esperar./Tienes que esperar.**

—¿Algún familiar?

—Mi marido, un infarto.

—Lo siento mucho, ¿y cómo está?

—Pues ahora mismo aburrido. Parece que no pasan las horas. Nos podríamos haber ido hace ya varios días, pero siempre hay una prueba más, la tensión ahora alta, ahora baja, el pulmón que no sé qué, el corazón que no sé cuántos… Yo no digo que no esté bien que se quieran asegurar, pero es que mi marido tiene ya casi 70 años. Todos los días le encuentran algo.

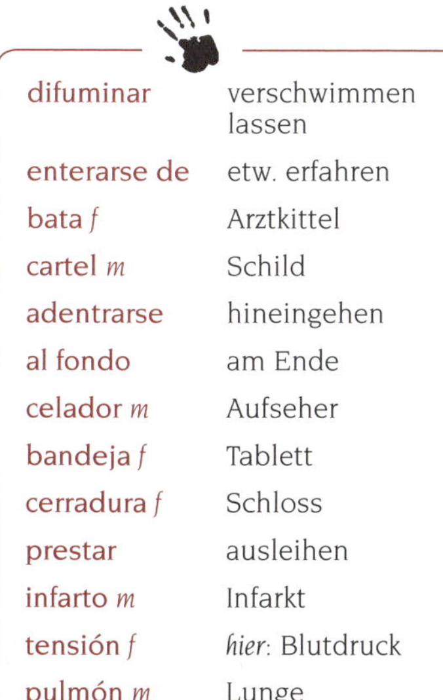

difuminar	verschwimmen lassen
enterarse de	etw. erfahren
bata *f*	Arztkittel
cartel *m*	Schild
adentrarse	hineingehen
al fondo	am Ende
celador *m*	Aufseher
bandeja *f*	Tablett
cerradura *f*	Schloss
prestar	ausleihen
infarto *m*	Infarkt
tensión *f*	*hier*: Blutdruck
pulmón *m*	Lunge

—Con suerte, esa prueba que le falta sale bien y les dejan irse a casa hoy mismo —señaló Clara para intentar calmarla.

—¡Ya me gustaría, ya! Hasta el martes por lo menos nada de nada. Los del laboratorio vienen tres veces por semana, según me ha dicho a mí una enfermera. Y con el fin de semana de por medio, olvídese. Si está usted esperando unos resultados, tenga paciencia.

cruzarse	sich begegnen
reparar en	bemerken
ascensor *m*	Aufzug
escapar	*hier*: übersehen
facciones *f pl*	Gesichtszüge
inconexo	unzusammenhängend
borrar	löschen
repleto	voll
soporte *m*	Reagenzglashalter
supuesto	vermeintlich, angeblich
por mi culpa	meinetwegen
ingresado	eingeliefert
apropiarse	sich zu eigen machen

La primera vez que se cruzaron, Héctor no reparó en ella. Ni se fijó en que había una chica sentada cerca de los ascensores. Podría haberla visto, pues había pocas personas por allí cerca, pero no lo hizo. Estaba tan preocupado por no encontrarse a ningún compañero, que se le escapó esa chica que cambiaba de pasillo y de ropa, pero que no perdía de vista el laboratorio. Ella sí se fijó en él. El porcentaje de hombres enfermeros era sensiblemente menor y a ella le llamó la atención verlo por allí varias veces en una tarde, siempre solo y siempre con muestras de sangre.

Ahora Héctor conoce de memoria las facciones[i] de Clara y es incapaz de olvidarlas. Se le presentan muchas noches en medio de imágenes inconexas y se le mezclan con otras señales que preferiría no percibir. Ahora no puede borrar de su mente el momento en el que ella entró en el laboratorio con una excusa, mientras al mismo tiempo se disculpaba por su supuesta equivocación.

Facciones wird hauptsächlich im Plural verwendet. Im Singular ist ein Akzent nötig: **facción.**

Ejercicio 14: Completar. **Lesen Sie weiter und ergänzen Sie die passenden Substantive!**

infarto | pie | pruebas | mano | pipeta | historia

–¿Pero qué hace usted aquí? ¡Aquí no puede estar! –Héctor no esperaba encontrarse a nadie de 1. ______ junto a la puerta y derramó la 2. ______ de sangre que llevaba en la 3. ______.

–¡Ay! ¡Lo siento! ¡Se le ha caído todo **por mi culpa**! Perdóneme. –Clara se acercó a él para ayudarlo.

–¡Déjelo! Ya me encargo yo. Esto es zona restringida. Váyase si no quiere que llame a Seguridad.

–Usted disculpe. Es que tengo a mi padre **ingresado** por un 4. ______ y no nos dicen nada –aprovechó la 5. ______ de la señora con la que había hablado para **apropiársela**.

–Pues tendrá usted que esperar. Salga de aquí, por favor.

–¿Y no lo podría mirar usted? Las 6. ______ se las hicieron hace días. Mariano García.

–Le he dicho que no. Váyase.

Clara tenía talento para **sobrellevar** la situación. Lo puso aún más nervioso de lo que ya estaba. Vio cómo **empapaba** la sangre derramada con una servilleta, cómo le **temblaban** las manos y cómo, sin dejar de mirarla, la **empujó** hasta la salida. Ella no dejó de hablar ni él de amenazarla. En medio del **forcejeo**, Clara logró **deslizar** una **cuña** de papel en el suelo para **impedir** el cierre de la puerta. El enfermero no alcanzó a verlo, pues ella se encargó de **entretenerlo** con preguntas **insistentes**.

sobrellevar	überspielen, gelassen hinnehmen
empapar	aufwischen
temblar	zittern
empujar	schieben, schubsen
forcejeo *m*	Handgemenge
deslizar	durchschieben
cuña *f*	Keil
impedir *irr*	verhindern
entretener *irr*	ablenken
insistente	beharrlich
lamento *m*	Klage, Vorwurf
salir *irr* **redondo**	aufgehen (Plan)
curiosear	herumschnüffeln

Cuando ahora él echa la vista atrás recuerda toda la secuencia y analiza uno por uno sus fallos. Ahora, cuando ya no sirven de nada los **lamentos**.

La periodista aprovechó, sin embargo, esos errores y en cuestión de segundos ideó un plan que le **salió redondo**. No tenía pensado molestar al enfermero y, mucho menos, volver a entrar en la sala a **curiosear**. Se dejó acompañar afuera (i) y, cuando se quedó sola y perdió de vista al enfermero, volvió sobre sus pasos y entró en el laboratorio. Lo primero que vio fueron los restos de sangre que la servilleta no había absorbido, después papeles desordenados, un microscopio antiguo, estan-

> Es macht keinen Unterschied, ob auf Bewegungsverben **fuera** oder **afuera** folgt, zumindest in Spanien: **Clara salió fuera/afuera.** Bei Zustandsverben wird **fuera** bevorzugt: **Clara estaba fuera.**
> Das Adverb **afuera** ist nicht zu verwechseln mit dem Substantiv **afueras** (Umgebung).

terías con archivos y cámaras frigoríficas. Sin pensárselo dos veces, abrió las puertas. Se encontró con una columna de casi dos metros de alto **repleta** de estantes. Sobre ellos, **soportes** transparentes con cientos de **tubos de ensayo**, todos rigurosamente etiquetados. Los inspeccionó uno a uno hasta que dio con un nombre que le resultaba familiar y, junto a él, otro y otro más: el equipo de gimnasia artística al completo. Miró con atención y le pareció ver una pipeta vacía. "Santiago Fernández", decía la etiqueta. Se trataba del gran gimnasta de suelo, ella lo recordaba del día que visitó el centro. Aquello no podía ser correcto, las marcas en el cristal evidenciaban que ese tubo debería estar lleno. En el fregadero también había restos de sangre. Con las prisas y la discusión, el enfermero había olvidado limpiar las pistas. La sangre derramada, seguramente, estaba destinada a **rellenar** la muestra del gimnasta. Ella tan solo debía esperar de nuevo al enfermero. Estaba segura de que volvería.

repleto	voll
soporte *m*	Reagenzglas-halter
tubo *m* **de ensayo**	Reagenzglas
rellenar	(be)füllen
deambular	herumstreifen
réplica *f*	Widerrede

—Andrés, te he dicho mil veces que no me llames al trabajo —Héctor **deambulaba** por el hospital intranquilo. Debía regresar al laboratorio cuanto antes, pero, para ello, tenía primero que despistar a su jefa—. ¿Qué quieres? Te advierto que no es un buen momento.

—Tengo un encargo nuevo. Teresa Millán, la gimnasta. Tú tienes ahí todas las muestras del equipo, ¿no?

—Olvídalo, con el de Santiago ya tengo bastante y aún no sé cómo lo voy a hacer.

—Pues como siempre, sácale sangre a algún paciente y cámbiala.

—Ahora no puedo hablar, dile que no. —Sin esperar la **réplica** de su amigo, pues sabía que vendría, colgó el teléfono y lo apagó.

Ejercicio 15: ¿Ser o estar? Unterstreichen Sie das richtige Verb!

1. ¿ Eres / Estás loco?
2. ¡Los chicos son / están muertos!
3. Héctor era / estaba una persona muy simpática.
4. A pesar de los problemas, Clara estaba / era contenta.
5. Andrés es / está buen deportista.

Tal y como Clara esperaba, Héctor volvió al laboratorio con una pipeta nueva. Escondida detrás de un mueble con cajones no podía ver con detalle, por eso había colocado el móvil estratégicamente para **grabarlo** todo. Desde su posición pudo observar cómo tomaba el tubo vacío, lo rellenaba con el contenido del que había traído y lo ponía nuevamente en su lugar. Después intentó limpiar el fregadero y las **manchas** del escritorio, justo en el momento en el que el móvil perdió estabilidad y **resbaló** hasta el suelo.

grabar	aufzeichnen, filmen
mancha *f*	Fleck
resbalar	rutschen
percibir	wahrnehmen
enderezar	aufrichten
serenidad *f*	Gelassenheit

—¿Quién anda ahí? —gritó, asustado. Fue cuestión de segundos **percibir** una sombra tras la cajonera y un cuerpo que se **enderezaba**—. ¿Usted otra vez? Pero, ¿qué hace ahí?
—Es inútil que finjas normalidad, sé lo que estabas haciendo y lo tengo todo grabado —le contestó con total **serenidad**.

Al escuchar aquella frase salió deprisa de la sala. Sin tiempo siquiera para cambiarse de ropa, se dirigió al garaje a coger su coche.

chocarse	kollidieren, zusammenstoßen
perseguido	verfolgt
pillar	schnappen
estar *irr* de más	überflüssig sein
acelerador *m*	Gaspedal
acelerar	Gas geben, beschleunigen
esquivar	ausweichen
volantazo *m*	Lenkradbewegung
dar *irr* el alto	zum Anhalten auffordern
hacer *irr* caso omiso	ignorieren
pedir *irr* refuerzos	Verstärkung anfordern

Por el camino **se chocó** con un par de compañeros que, sorprendidos, lo intentaron retener. Nadie conocía las circunstancias por las que estaba saliendo tan deprisa el hospital. Sin embargo, en su cabeza solo aparecían gestos y mensajes en su contra. Se creía **perseguido**. Una vez en el coche, llamó a Andrés para informarlo.

—Vete —le dijo—. Nos **han pillado**.

No necesitaba muchas palabras. **Estaba de más** decirle que lo habían visto, que tenían pruebas físicas, que había una testigo (i). Solo tenía ojos para la carretera, aunque su mente estaba mucho más allá. Pensando en su familia, en su trabajo, en todas las consecuencias que se le venían encima, y que de hecho le vinieron, dejó caer el pie sobre el **acelerador** sin controlar la velocidad. La Castellana estaba vacía. Toda entera para él y sus pensamientos, hasta que la sirena de la Policía lo trajo de vuelta a la realidad. El miedo le hizo **acelerar** aún más y **esquivar** con rápidos **volantazos** los pocos coches que se encontraba a su paso. La pareja de agentes que le **dieron el alto** desconocían lo que se iban a encontrar, pero al ver que **hacía caso omiso** a sus señales tuvieron que **pedir refuerzos**.

> **Testigo** bildet keine weibliche Form auf **-a.** Hier springt erklärend der Artikel ein: **el testigo** (Zeuge)/**la testigo** (Zeugin). Weitere Beispiele sind **el/la piloto, el/la modelo.**

A los pocos minutos, ya no solo le perseguía un coche, sino tres. Alguno incluso le salió al paso por una **perpendicular** de la derecha. Héctor aceleró aún más. Ochenta, noventa, cien kilómetros por hora. La **persecución** no duró mucho, pero a él le pareció **eterna**.

perpendicular *f*	kreuzende Straße
persecución *f*	Verfolgung
eterno	ewig
pasar por alto	übersehen
martirizarse	sich quälen
arrollar	überfahren
estampar	knallen, donnern
luna *f* **delantera**	Windschutzscheibe
frenar en seco	eine Vollbremsung machen
inercia *f*	Trägheit
desfigurado	unförmig, verstümmelt
entrecortado	unterbrochen, stoßweise

Aquella fue la última vez que condujo y aún hoy todavía le cuesta imaginarse dentro de un coche. Centrado en la Policía, que cada vez estaba más cerca, y en no chocar contra los demás coches, **pasó por alto** el semáforo que se aproximaba. En la distancia lo veía rojo, un rojo fuerte y potente que lo avisaba desde arriba. Su mente, aún no sabe cómo, no lo vio. Se lo pregunta cada noche, **se martiriza** cada noche con esa consulta, pero la realidad es que no lo vio. Como tampoco vio a la mujer que en ese instante cruzaba (i) la calle y a la que **arrolló** a casi cien kilómetros por hora. La cabeza de ella, **estampada** contra la **luna delantera**, es otra imagen que tampoco puede borrar. **Frenó en seco**, histérico, y la **inercia** empujó a la mujer contra el suelo, empapada en sangre y completamente **desfigurada**.

Cruzar wird in diesem Satz im **Imperfecto** statt **Indefinido** benutzt, da nur der Zeitraum, in dem die Frau die Straße überquert, bedeutsam ist, d. h. die Beschreibung dessen. Wäre die Frau auf der anderen Straßenseite angekommen, würde eine abgeschlossene Aktion vorliegen und **Indefinido** (**cruzó**) benutzt.

Ejercicio 16: Respuestas. **Beantworten Sie die Fragen!**

1. ¿Por qué está nervioso Héctor la primera vez que ve a Clara?

   ____

   ____

2. ¿Qué llama especialmente la atención de la periodista al abrir el frigorífico?

   ____

   ____

3. ¿Cuál es el plan de Clara para conseguir pruebas?

   ____

   ____

4. ¿Cómo descubre Héctor que no está solo en el laboratorio?

   ____

   ____

La velocidad, el semáforo, la sangre, la mujer muerta en el asfalto, la periodista, todas esas imágenes se le presentan una y otra vez desde entonces. Le impiden pensar, descansar, dormir. Le impiden perdonarse, a pesar de los años. Y le despiertan cada noche con la respiración entrecortada y el corazón a cien. No recuerda muy bien la última vez que durmió sin sobresaltos, sabe, eso sí, que no fue en la celda en la que se encuentra. Sabe también que allí no lo conseguirá. Fuera, tal vez, tampoco.

celda *f*	Gefängniszelle

Sin testigos

María Montes Vicente

1 Una batalla campal

La imagen era **dantesca**. Antonio Heredia, el patriarca de la familia, **yacía** sobre la mesa con una **puñalada** en el estómago. Su hijo Amador tenía un **estacazo** en la cabeza y su nuera **exhibía** en la frente una **herida** abierta producida probablemente por una **pedrada**. Lo que más sintió Antonio, pues fue el último en morir, fue ver a su nieta mayor **retorcerse de dolor** por una **cuchillada** perdida que acabó en su **costado**. Junto a ella encontraron el cuerpo de Manuel, su prometido, fallecido a causa del mismo ataque, este sí intencionado. El padre de Manuel, quien murió matando, terminó en el suelo bocabajo con una **navaja** en la mano. Su mujer fue encontrada con múltiples **golpes** unos metros más allá. Entre las dos familias se hallaba un extraño, un chico de no más de 35 años, de piel blanca y cabellos claros, que **destacaba** entre la **tez** morena y los ojos oscuros de los que **corrieron su misma suerte**. Sus propias

batalla *f* campal	Feldschlacht
dantesco	entsetzlich, dantesk
yacer *irr*	liegen
puñalada *f*	Dolchstoß
estacazo *m*	Stockschlag
exhibir	aufweisen
herida *f*	Wunde, Verletzung
pedrada *f*	Steinwurf
retorcerse *irr* de dolor	sich vor Schmerz winden, krümmen
cuchillada *f*	Messerstich
costado *m*	Seite
navaja *f*	Taschenmesser
golpe *m*	Schlag
destacar	herausstechen
tez *f*	Teint, Hautfarbe
↯ correr la misma suerte	das gleiche Schicksal ereilen

manos finas y delicadas eran las que **agarraban** el cuchillo que le atravesaba el pecho; la sangre, ya **reseca**, le recorría los brazos.

El sargento Torres examinó la situación nada más llegar al lugar de los hechos. La alarma les llegó demasiado tarde. Solo encontraron cuerpos **inertes** a su llegada, pues nadie alertó a tiempo a la Guardia Civil[i] de la masacre. El pueblo estaba desierto. A finales de octubre, el frío aún no había llegado a Jaén[i]. El calor, sin embargo, ya no era tan **asfixiante** como en los meses anteriores. A pesar de eso, era raro encontrar movimiento antes de las cinco de la tarde. Los primeros agentes se presentaron pasadas las cuatro y media, y fueron pocos los curiosos que se acercaron por allí.

Die **Guardia Civil** ist eine **spanische, paramilitärisch** ausgerichtete **Polizeieinheit.** Im Gegensatz zur **Policía Local** oder **Policía Nacional** tritt die **Guardia Civil** in ländlichen Gebieten auf den Plan.

Jaén ist eine der acht Provinzen Andalusiens und liegt zwischen Granada und Córdoba. In der gleichnamigen Hauptstadt leben über 100.000 Einwohner, die **jiennenses/as.** Die Region ist besonders für ihre große Fläche an Olivenbäumen bekannt, die sich über das Land erstreckt.

—¿Qué me puede decir por el momento? —El inspector se acercó a la **forense** mientras ella estudiaba uno de los cuerpos.

—Las heridas no parecen muy antiguas, un par de horas como mucho, diría yo. **Incluso** menos —Mientras hablaba, la doctora Prieto le mostraba las **lesiones** al inspector y lo guiaba entre las víctimas—. Todos parecen haber

agarrar	ergreifen
reseco	sehr trocken
inerte	leblos, tot
asfixiante	stickig
forense *m/f*	Gerichts-mediziner(in)
incluso	sogar
lesión *f*	Verletzung

muerto por causas violentas, aunque tendremos que practicarles la autopsia para confirmarlo.

—No creo que la autopsia nos dé[i] nuevos resultados. Es evidente que se han matado a palos entre ellos.

—Es cierto, pero fíjese en este hombre —añadió, al tiempo que se acercaba a otro de los fallecidos—. Estaba luchando cuando murió, porque aún conserva la navaja en la mano, pero no presenta ninguna herida visible. Pudo ser asfixia, un derrame, un ataque al corazón...

—Pudo ser el desencadenante —reflexionó el sargento—, aunque me llama más la atención el chico de allí. ¿Qué pinta él aquí?

Der Akzent ist manchmal bedeutungsunterscheidend:
de (Präposition) vs.
dé (Form von **dar**)
tú (du) vs. **tu** (dein)
mí (ich) vs. **mi** (mein)
se (Pronomen) vs.
sé (Form von **saber**)
él (er) vs. **el** (Artikel).

confirmar	bestätigen
evidente	offensichtlich
a palos	durch Prügel
derrame *m*	Erguss
desencadenante *m*	Auslöser
ϟ ¿Qué pinta él aquí?	Was hat er denn hier zu suchen?

Ejercicio 1: Oveja negra. **Welches Wort passt nicht in die Reihe? Unterstreichen Sie!**

1. puñal navaja puño cuchillo
2. frente estómago pecho sangre
3. moreno rizado rubio castaño
4. vecino abuela yerno suegro

—Yo también me lo pregunto. Es el único que no es de etnia gitana. ¿Un linchamiento quizá?
—No lo descarto, aunque hay demasiados muertos para un solo enemigo.

El juez no tardó en llegar. Hicieron fotos, recogieron huellas, muestras y todas las pistas posibles, y derivaron los cadáveres al instituto forense. Dedicaron la tarde a identificar los cuerpos. La vivienda donde los encontraron pertenecía a Antonio Heredia, y entre los fallecidos había dos miembros de su familia. La identidad del resto costó más trabajo averiguarla, pues no llevaban consigo ninguna identificación personal. Los inspectores tuvieron que buscar la colaboración ciudadana, aunque no resultó fácil. El sargento Torres y una de las agentes, Carla Dávila, salieron a la calle con la intención de preguntarle a cualquier persona.

Auf Spanisch ist das Wort **gitano** nicht politisch inkorrekt oder gar ein Schimpfwort. Die **gitanos** selbst nennen sich so und sind stolz darauf.

—Perdone, ¿tiene usted un momento? —Torres se dirigió a la primera mujer que vio andando por la calle.
—Tengo prisa, disculpe —contestó.
—Será solo un momento —El sargento no le dio opción a continuar con su marcha—. Somos de la Guardia Civil, estamos investigando las muertes de la casa de Antonio Heredia.
—Yo no sé nada de eso. Yo estaba en mi casa.
—Está bien, pero seguro que podrá decirme quiénes estaban allí.

linchamiento *m*	Lynchjustiz
descartar	ausschließen
enemigo *m*	Feind
huella *f*	Abdruck
pista *f*	Spur
derivar	überführen
instituto *m* forense	Gerichtsmedizinisches Institut
averiguar	ermitteln, herausfinden
investigar	ermitteln

Ejercicio 2: Sinónimos. Bringen Sie die Buchstaben in die richtige Reihenfolge und finden Sie je ein Synonym!

1. pelea — haclu — ____________
2. golpe — qtueaa — ____________
3. herida — selóin — ____________
4. muerto — ledaflcoi — ____________
5. lateral — cadosto — ____________

—Pues los Heredia, ya lo ha dicho usted.
—¿Y los demás? —intervino la agente.
—Ay, señorita, yo de eso no sé. Me tengo que ir.
—Mire, señora, lo vamos a averiguar antes o después. Si nos lo dice ahora nos ahorra tiempo y usted se va antes a su casa.
—Ya le he dicho que no lo sé, pero por lo que he oído eran los **consuegros** y el novio de la chica, los Vargas.
—¿Y el otro chico?
—De eso no sé nada. No es de por aquí. Aunque yo no lo he visto, es lo que me han dicho. —La mujer no **aguantó** más. Se escapó en cuanto pudo, aunque se notaba que sabía más de lo que decía.

consuegros *m pl*	Eltern des Schwiegersohnes/der Schwiegertochter
aguantar	aushalten, ertragen
excusa *f*	Ausrede, Ausflucht
estar *irr* **dispuesto a**	bereit sein zu

—No van a querer hablar con nosotros —dijo Dávila—. Los gitanos son muy reservados para sus cosas y nosotros somos payos[i] y guardias civiles: la combinación ideal —señaló irónica.

—Pues se van a tener que acostumbrar. Por allí viene otra mujer, vamos.

La historia se repitió. La señora no les quiso dar ningún tipo de información. Con diferentes excusas, intentó irse en varias ocasiones, pero esta vez el sargento no estaba dispuesto a dejarla escapar.

Auf **caló**, der Sprache der **gitanos**, bezeichnet **el payo/la paya** eine Person, die kein **gitano** ist. In ihrer Sprache nennen sich die **gitanos** selbst **calés.** Andere Begriffe wie **churumbel** (niño), **parné** (dinero), **camelar** (querer) sind im Spanischen bekannt und sogar im Sprachalltag integriert, so z. B. **curro** (trabajo) oder **molar** (gustar).

Ejercicio 3: Completar. **Lesen Sie weiter und ergänzen Sie die vorgegebenen Begriffe!**

matrimonio | novios | familias | churumbeles | jóvenes

–¿Cuándo se iban a casar los 1. ________ ? –preguntó.

–En menos de un mes.

–Estarían muy enamorados entonces.

–Bueno, lo normal en dos chicos 2. ________ .

–¿Se les veía mucho por el pueblo?

–Tampoco *demasiao*[i], llevaban poco tiempo juntos.

–¿Poco tiempo y ya tenían planes de boda? –opinó Dávila.

–Si es que usted *to* lo quiere saber –**refunfuñó**–. Pues es que las **3.** ______ no se llevaban muy bien, pero **arrejuntaron**[i] a los **4.** ______. Y fíjese qué desgracia, cómo han *acabao*. Si es que olía mal desde el principio, se veía venir.

–¿Discutían a menudo las dos familias?

–¿A menudo? ¡A *toas* horas!

–Pero el **5.** ______, entonces, no tenía mucho sentido.

—Aquí respetamos mucho a las dos familias, por eso no van a encontrar a nadie que les quiera hablar del tema. Pensaban que casando a los hijos se acabarían sus problemas.

—Es decir, atrayendo a sus enemigos.

—Usted lo ha dicho, yo no.

—¿Y el otro chico?

Die Aussprache im Süden verwandelt die Endungen der Partizipien (**-ado**/**-ido**) zu **-ao**/**-ío**. Wörter wie **todo, nada, para** werden oftmals auch verkürzt: **to, na, pa.**

Arrejuntar ist eine umgangssprachliche Variante zu **juntar**.

—El otro, no sé. Aquí nadie lo conoce.
—Nadie lo conoce, pero la gente hablará igual.
—Pues, sí, *pa* qué le voy a mentir. Lo del payo es muy raro.
—¿Cree que la pelea fue por su culpa?
—No lo sé, pero allí acabaron *tos* **apaleaos**, los **celos** son muy malos. Y los gitanos se tienen que casar con gitanos. Eso es así.
—Así que usted piensa…
—Yo no pienso *na* —lo **interrumpió**—, Dios me libre. Yo les digo lo que se escucha por ahí, que es lo que me han *preguntao*.
Aun sin querer decir nada, la señora dijo bastante y los orientó en su **investigación**. El relato **encajaba** con la situación: dos familias enfrentadas que deciden **limar sus asperezas** y su lucha por el poder uniendo a sus hijos. El novio, o **amante**, de la chica se presenta en la casa para **impedir** la boda y pone a los dos clanes en su contra, uno por **honor** y el otro por **orgullo**. El enfrentamiento se les va de las manos y comienza una batalla campal de todos contra todos que solo podía acabar como acabó.

refunfuñar	murren
(arre)juntar	versammeln
atraer *irr*	anziehen, für sich gewinnen
apaleado	erschlagen
celos *m pl*	Eifersucht
interrumpir	unterbrechen
investigación *f*	Ermittlung
encajar	(zusammen) passen
limar asperezas	Differenzen glätten
amante *m/f*	Liebhaber(in)
impedir	verhindern
honor *m*	Ehre
orgullo *m*	Stolz
obtener *irr*	erhalten, bekommen

El sargento Torres y la agente Dávila todavía no sabían la causa de la muerte del hombre sin heridas visibles. Tuvieron que esperar para ello algunas horas, pero finalmente **obtuvieron** los resultados.
—Usted dirá, doctora. —El sargento la invitó a hablar.

Ejercicio 4: ¿Verdadero o falso? Welche Aussagen sind richtig? Kreuzen Sie an!

1. Manuel Vargas era el patriarca de la familia. ❐
2. Nadie en el pueblo conoce al extraño que murió en la casa de los Heredia. ❐
3. Los vecinos son muy colaborativos con la investigación. ❐
4. El padre de Manuel Vargas murió por un golpe en la cabeza. ❐
5. Las familias decidieron casar a sus hijos. ❐

—Infarto —diagnosticó—. El estrés de la pelea fue demasiado para su corazón y se paró.

—Otra razón para luchar con más rabia. ¿Sabemos la hora de la muerte?

—Con exactitud, no. Todos murieron entre las 15 y las 16 horas. No es posible concretar el orden[i] de los fallecimientos. Pero hay algo más.

—¿De qué se trata?

—La chica estaba embarazada.

> Bedeutungsunterschiede von **orden** in Abhängigkeit vom Artikel:
> **el orden** - Ordnung, Reihenfolge, Rangordnung, Rechtsordnung, (räumliche) Anordnung
> **la orden** - Befehl, Anweisung, Bestellung, Auftrag, Ordensgemeinschaft

Investigando a las familias

Estrella, la **primogénita** de Manuel, siempre fue la nieta preferida de Antonio Heredia. Se parecía mucho a su abuela, que murió cuando ella era aún muy pequeña. Estrella era el orgullo de la casa: era la más familiar y la más alegre, la que animaba todas las reuniones con **palmas** y **taconeos** [i]. Su pelo moreno y rizado le llegaba hasta las **caderas** y sus ojos negros destacaban sobre cualquier otra parte del cuerpo. Hacía poco tiempo que había cumplido los dieciocho, aunque ella misma se consideraba adulta desde mucho antes. Ella siempre había sido muy independiente y, **a pesar de** las costumbres de sus mayores, intentaba vivir su vida libremente. El puñal **traicionero** que acabó en su costado cortó demasiado pronto su alegría. Su embarazo aún no era visible, aunque ella sí debía de ser consciente de él,

In Andalusien ist die Assoziation des **Flamenco** stark mit den Klängen und Tänzen der **gitanos** verbunden. Sie machen einen bedeutenden Teil ihrer Kultur aus, weshalb Feste immer von Musik begleitet werden. Die namhaftesten **Flamenco-Akteure** sind oder waren **gitanos: Paco de Lucía, Camarón, José Mercé, Lola Flores, Tomatito, Diego El Cigala** oder **Raimundo Amador.**

primogénito/a *m/f*	Erstgeborene(r)
palmas *f pl*	Händeklatschen
taconeo *m*	Aufstampfen
cadera *f*	Hüfte
a pesar de	trotz
traicionero	heimtückisch

pues sus manos se agarraron el **vientre** en el momento de la muerte.

—¿Embarazada? —se extrañó Torres—. Eso va en contra de las leyes gitanas y es una **deshonra** para las familias.

—El embarazo no estaba muy avanzado, por eso no lo notamos al examinar el cuerpo —contestó la doctora Prieto—. Probablemente su familia no lo sabía.

> Die **gitanos** folgen ihren eigenen Gesetzen. Obwohl sie nicht verschriftlicht sind, gelten sie als verbindlich. Betrug an anderen **gitanos** oder das Ausbrechen aus dem familiären Umfeld sind ebenso unverzeihlich wie sexuelle Erfahrungen vor der Hochzeit.

—O sí. Esa sería precisamente una **razón de peso** para justificar el escenario que encontramos en la casa.

—¿Podemos averiguar quién era el padre? —preguntó Dávila.

—Se le puede realizar una **prueba de paternidad** —respondió la forense—, pero necesitaré una muestra con la que comparar.

—Toma dos, una de Manuel Vargas y otra del chico desconocido.

vientre *m*	Unterleib
deshonra *f*	Schande
razón *f* de peso	gewichtiger Grund
prueba *f* de paternidad	Vaterschaftstest
hacerse *irr* cargo de	etw. übernehmen
velar	*hier*: Totenwache halten

Tras la muerte de su sobrino Manuel, de su hermano y de su cuñada, Gerardo **se hizo cargo de** la organización del funeral. Reunió en su casa a primos y conocidos que, a falta de los cuerpos, que todavía se encontraban en el anatómico forense, **velaban** unas fotografías

> Unter **gitanos** ist die Trauerzeit (**luto**) sehr streng reglementiert. Sie tragen mindestens zwölf Monate Schwarz, sie feiern, musizieren und tanzen nicht. Aus Respekt halten sich sogar Nachbarn in deren Anwesenheit daran.

con **crespones** negros mientras lloraban la desgracia y maldecían la **mala suerte**. El sargento Torres y la agente Dávila llegaron en silencio y manteniendo las distancias. Avanzaron poco, pues en cuanto Gerardo los vio acercarse a lo lejos, les impidió la entrada.

Ejercicio 5: Errores. Lesen Sie weiter und korrigieren Sie fünf orthografische und grammatikalische Fehler!

–¿Qué hacen ustedes aqui? ¡No respetan ni un **velatorio**!

–No queremos molestar, solo queremos hablar con algun miembro de la familia.

–Solo con ser aquí ya están molestando.

–¿Quiere usted hablar con nosotros o prefiere que entramos a la casa?

Gerardo le sostuvo la mirada como quien echa un pulso, pero sabía **de antemano** que era una batalla perdido.

—¿Qué quieren saber?

—¿Estuvo usted ayer en la casa de Antonio Heredia?

—No, de lo contrario ahora no estaría aquí.

—¿Tiene idea de lo que pudo provocar la pelea?

—Yo siempre estuve en contra de ese matrimonio —Mientras hablaba, Gerardo Vargas atendía **compungido** a quienes se acercaban a presentarle sus respetos.

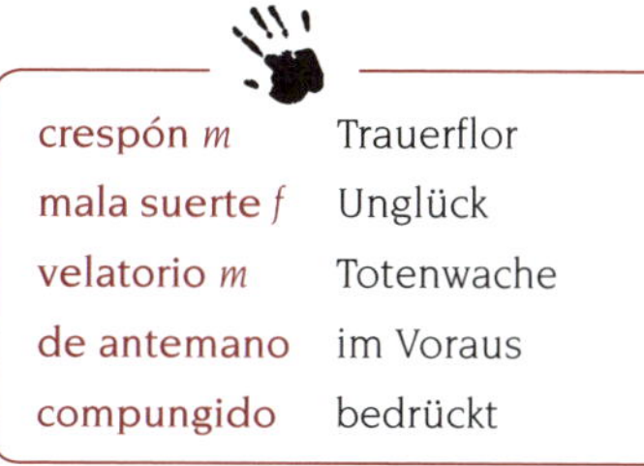

crespón *m*	Trauerflor
mala suerte *f*	Unglück
velatorio *m*	Totenwache
de antemano	im Voraus
compungido	bedrückt

Les tendía la mano a los hombres para saludar y acogía a las mujeres entre sus brazos. El brazo izquierdo siempre por delante—. Era solo cuestión de tiempo.

—¿Lo dice por el hijo que esperaba Estrella Heredia? —Esta vez la mirada de Gerardo mostró una cierta duda.

—¿Pero de qué habla? ¡Los chicos aún no estaban casados!

—Hasta donde yo sé, eso nunca ha sido un impedimento biológico —Torres, que intentaba provocarlo, atendía a cada uno de sus gestos asumiendo[i] que decía la verdad.

—Si eso es así —continuó—, no estaba enterado. Ni yo ni nadie de mi familia, ¿me entiende? —concluyó con tono amenazante.

Estar + gerundio drückt aus, dass etwas gerade eben getan wird: **Estoy diciendo la verdad.** Verkürzt auf die **Gerundio**-Form tritt Gleichzeitigkeit in den Fokus: **Atiendo sus gestos asumiendo (= y asumo) que dice la verdad.** Außerdem kann das **Gerundio** anzeigen, wie etwas gemacht wird: **Atiendo sus gestos, mirándole a los ojos.**

Torres y la agente Dávila aún permanecieron algún tiempo en la finca de la familia Vargas. Decenas de personas pasaron por allí y ninguno se apellidaba Heredia. Estos celebraban un funeral similar al otro lado de la localidad. Mismos asistentes, mismas condolencias, mismos llantos y distintas fotografías. Gerardo Vargas tenía muy clara la razón de ambas ceremonias y así se lo hacía saber a todos los que se le acercaban.

—Esos malnacidos no volverán a poner un pie en mi casa.

impedimento *m*	Hinderungsgrund
asumir	*hier*: erreichen
enterado	informiert
amenazante	drohend
condolencia *f*	Beileidsbekundung
malnacido *m*	Mistkerl

—Todo gira en torno a ellos —opinó Dávila—. Son una pequeña mafia.

—Gerardo Vargas no es precisamente Vito Corleone[i] —bromeó el sargento—, aunque tienen la voz igual de ronca.

—¿Crees de verdad que no sabían nada del embarazo?

—Me cuesta creerlo, pero es cierto que pudieron descubrirlo en el momento en el que nuestro amigo el desconocido se presentó en la casa.

Vito Corleone ist die Hauptfigur des Films „Der Pate" (**El Padrino**), gespielt von Marlon Brando.

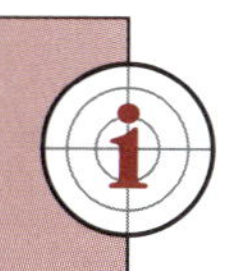

—¿Te has fijado en que no mueve la mano derecha para nada?

—Sí, aunque insiste en que no estuvo allí. Sin más testigos será difícil demostrarlo. Solo nos queda cogerlo en un renuncio.

Ejercicio 6: Insultos. Entwirren Sie folgende Beschimpfungen!

1. ntoot ________________
2. túopsied ________________
3. Imdanicao ________________
4. datioi ________________
5. blécimi ________________

ronco	heiser
descubrir *irr*	*hier*: erfahren
ϟ coger en un renuncio	Lügen strafen

Dos días después de los funerales, consiguieron descubrir la identidad del hombre misterioso. Se trataba de David Gómez, natural de Jaén, de 27 años. La familia, conocida en la zona por sus grandes plantaciones de olivos, denunció la desaparición casi al tercer día de su ausencia, pues, decían, era un chico completamente impredecible. La relación de David con los Heredia les era también desconocida. Habían tratado con ellos en alguna ocasión por el tema de las tierras. Nada raro, por otra parte, pues de una manera u otra cualquier persona a treinta kilómetros a la redonda había recogido aceitunas para ellos. Cada año se llenaba el pueblo de temporeros que trabajaban de sol a sol vareando olivos, forasteros y autóctonos en edad de trabajar o que al menos la rozaban.

Die Provinz **Jaén** ist der weltweit größte Produzent von Olivenöl. Ihre Wirtschaftskraft kommt hauptsächlich aus der Landwirtschaft. 550.000 Hektar Plantagen mit 66 Millionen Olivenbäumen bedeuten darüber hinaus ca. 20 % der Weltproduktion von Olivenöl.

Aceituna und **oliva** sind Synonyme. Den einzigen Unterschied macht die Herkunft des Wortes: **Aceituna** kommt aus dem Arabischen, **oliva** aus dem Lateinischen.

Die Olivenernte fällt in den Herbst. Es gibt verschiedene Ernte-Techniken.
ordeño - das Abstreifen mit den Händen (wie beim Melken)
vareo - das Abschlagen der Früchte vom Ast mit einer Stange
vibración - der Baum wird mittels einer Maschine gerüttelt (sehr populär); ein ausgebreitetes Stofftuch fängt die Früchte auf.

ausencia *f*	Abwesenheit
impredecible	*hier*: schwer einzuschätzen
a la redonda	im Umkreis
temporero *m*	Saisonarbeiter
varear	abschlagen
forastero	fremd, auswärtig
rozar	*hier*: fast erreichen (Alter)

Los Heredia fueron alguna vez estos autóctonos. Y los Vargas y los Flores y los González… y muchos más.

Ejercicio 7: Crucigrama. Finden Sie die Begriffe zum Thema Beerdigung und lösen Sie das Kreuzworträtsel!

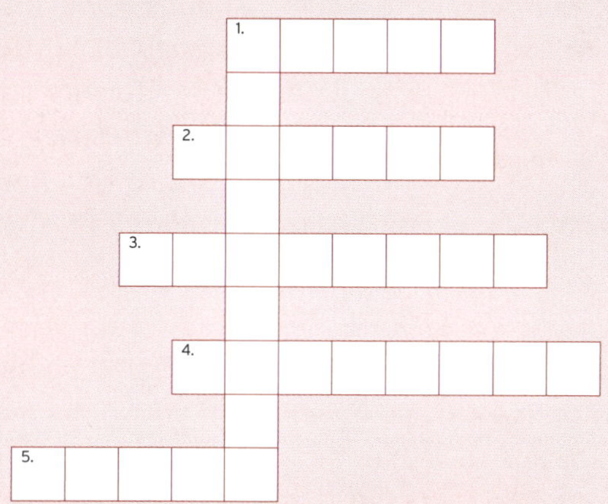

Horizontales:

1. Mujer del fallecido.
2. Se suelen dejar junto a la tumba.
3. Ceremonia para despedir al difunto.
4. Sentimiento generalizado propio del luto.
5. Color del luto.

Verticales:

1. Reunión de familiares y amigos tras el fallecimiento.

—¿Mi hijo, novio de una gitana? —La madre de David no podía creer lo que estaba escuchando—. No lo creo —respondió muy digna—. Es más, le aseguro que no. David no se juntaba con esa gente.

digno	ehrwürdig
desconcierto *m*	Erstaunen
indignado	empört
insistencia *f*	Beharrlichkeit
descolgar *irr*	annehmen (Anruf)

—Entendemos su desconcierto, señora —intervino Dávila—, pero compréndalo. Su cuerpo ha aparecido en casa de ellos y tenemos indicios para...

—Le digo que no. Lorenzo, diles tú algo.

—Déjalo, Rosario, no insistas. David iba por libre. ¿Qué vas a saber tú si estaba con esa chica o no? ¡Si no nos contaba nada! —Indignada, Rosario salió de la habitación.

—¿Nunca les habló de la chica? —En cuanto se quedaron solos, Torres continuó con sus preguntas.

—Ni de esa ni de ninguna otra.

Durante la conversación, el teléfono del sargento sonó. Se resistió a cogerlo, pero la insistencia le hizo descolgarlo. Le extrañó escuchar la voz de la doctora Prieto, y le extrañó aún[i] más el mensaje que tenía para darle.

—El padre era Manuel Vargas.

Aún mit Akzent bedeutet „noch" (**todavía**). **Aun** ohne Akzent wird mit „auch" oder „sogar" (**también, incluso**) übersetzt. **Aún sigue lloviendo. Aun con la chaqueta, tengo frío.**

Ejercicio 8: Respuestas. Beantworten Sie die Fragen!

1. ¿Por qué los agentes tardan varios días en identificar a David Gómez?

____

____

2. ¿Por qué razón es conocida la familia de David?

____

____

3. ¿De qué conoce la familia Gómez a los Heredia?

____

____

4. ¿Cómo se llaman los trabajadores que solo trabajan varios meses al año?

____

____

3 Una víctima más

Todavía no había salido el Sol cuando los jornaleros se dirigían a los olivares para comenzar con la recogida. Aquel día, un grupo de cincuenta hombres marchaba a unos bancales bastante alejados del pueblo. Las tierras de la familia Gómez ocupaban prácticamente el 80 % de la extensión de la localidad, el 20 % restante se repartía entre suelo urbanizado y pequeños terrenos privados. Ese día era el turno de uno de esos terrenos, tan aislados que muchos desconocían incluso su existencia. Allí, agazapado entre unos matorrales, apareció el cuerpo golpeado de un hombre que presentaba también varias cuchilladas en las piernas y el pecho. Otro forastero desconocido para los autóctonos que llevaba al menos 72 horas muerto.

jornalero *m*	Erntehelfer
olivar *m*	Olivenplantage
recogida *f*	Ernte
bancal *m*	Feld
turno *m*	*hier*: Schicht
aislado	abgelegen
agazapado	versteckt
matorral *m*	Gestrüpp
nada más + *inf*	kaum

—¿Tenemos idea de quién es? —preguntó Torres nada más llegar.
—Según el DNI, Fernando Herrera —contestó uno de los agentes.
—Al menos tenemos por dónde empezar.
—El cuerpo tiene tantas heridas como los de la casa Heredia, puede que estén relacionados, ¿no crees? —Dávila hablaba con el sargento sin levantar la vista del cadáver.

—Es probable, pero ¿por qué está aquí? ¿Y qué tiene que ver él con todos los demás?

—Si el niño que esperaba Estrella era de Manuel Vargas, no hubo infidelidad..., o sí, quién sabe —Dávila dudaba ya hasta de sus propias hipótesis.

—El embarazo era la evidencia, pero no excluye ningún otro supuesto. Busquemos a la familia de este hombre y hablemos de nuevo con los padres de David Gómez, con un poco de suerte, resultará que se conocían. Los Vargas no nos van a contar nada, eso está claro.

infidelidad *f*	Untreue
excluir *irr*	ausschließen
supuesto *m*	Vermutung
conservar	aufbewahren
cuartel *m*	Quartier
afectado	betroffen
entero	*hier*: gefasst
disposición *f*	Bereitschaft

Con Fernando Herrera todo fue mucho más fácil. Conservaba el DNI y el teléfono móvil en el bolsillo, por lo que no resultó difícil localizar a algunos familiares para conseguir información. Sus padres habían muerto hacía ya varios años. Él era un hombre casado, camionero de profesión, padre de tres hijos y con 50 años. Su mujer llegó al cuartel lo antes posible, vestía una falda gris, una blusa clara y una chaqueta larga. Se la veía afectada, pero entera y dispuesta a contestar todas las preguntas necesarias.

—Buenas tardes, le agradecemos su buena disposición y entendemos que no debe de[i] ser fácil para usted. —El sargento Torres la recibió en la entrada y la dirigió hasta su despacho con palabras de apoyo.

Achten Sie auf den Unterschied zwischen **deber** und **deber de. Deber** (müssen) verpflichtet zu etwas: **Debe usted hablar con nosotros.** Sie müssen mit uns sprechen.
Mit **deber de** stellt man dagegen eher eine Vermutung an: **Entendemos que no debe de ser fácil hablar con nosotros.** Wir verstehen, dass es nicht leicht für Sie sein dürfte/muss.

Ejercicio 9: Frutas. **Ergänzen Sie die Früchte, die an folgenden Bäumen wachsen!**

1. melocotonero ____________________
2. limonero ____________________
3. olivo ____________________
4. nogal ____________________
5. morera ____________________
6. peral ____________________

—Acabo de reconocer el cuerpo de mi marido en el forense, no creo que nada pueda ser más duro que eso —contestó ella seriamente.

—¿Su marido tenía enemigos?

—No.

—¿Deudas?

—No.

—¿Cuentas pendientes?

—No —Las preguntas y respuestas se sucedían con rapidez. Sin pausas ni dudas de ningún tipo, tampoco explicaciones.

—¿Conoce a algunas de estas personas? —Torres extendió sobre la mesa distintas fotografías de los fallecidos en la casa Heredia y se las mostró. Ella las miró bien antes de responder.

acabar de + *inf*	soeben etw. getan haben
deudas *f pl*	Schulden
cuenta *f* pendiente	offene Rechnung
extender	ausbreiten
alrededores *m pl*	Umgebung
heredar	erben
echar un vistazo	einen Blick werfen
mantenimiento *m*	Pflege, Erhalt

—No. Yo no vivo aquí. Vivo en Jaén capital. No conozco a nadie del pueblo ni de los alrededores.
—Pero el cadáver de su marido ha aparecido aquí —insistió Dávila—. ¿Tenía él (i) conocidos aquí?
—Mi marido se movía mucho por el trabajo, no solo en Jaén, sino por toda España. Aquí empezó a venir hace unos años cuando heredó las tierras.
—¿De qué tierras habla?

> Immer wenn das Verb nicht zu erkennen gibt, wer gemeint ist, benutzt man das Personalpronomen zur Verdeutlichung. **Tenía** könnte mit **yo, él, ella** oder **usted** stehen, verlangt aber hier den Bezug zu **él (el marido).**

Ejercicio 10: Pronombres. Lesen Sie weiter und unterstreichen Sie das richtige Pronomen!

–Una tía soltera **1.** le / lo dejó en herencia unas hectáreas de olivos. **2.** Les / Las recibió hace algunos años y venía de vez en cuando a **echar un vistazo.**

–Así que era agricultor.

–No, él era camionero, ya se **3.** lo / le he dicho. Las tierras no **4.** se / las trabajaba él. No tenía tiempo. Contrataba a gente para la recogida y el **mantenimiento.** Yo de eso no sé mucho, solo sé que no **5.** le / se costaba encontrar gente porque aquí todos se dedican a lo mismo.

–¿No conoce a ninguno de esos trabajadores?

–No, pero Fernando apuntaba en una agenda todos esos datos. Creo que al principio contactó con un hombre que también trabajó para su tía y que fue él quien **6.** la / lo movió todo. Puedo buscarla en casa, si lo desean.

–Nos sería de gran ayuda, gracias.

El hombre en cuestión se llamaba Rafael. Conocía a Fernando desde que era un chiquillo[i], pues había trabajado para su tía durante toda la vida. Él era quien en realidad conocía las tierras y quien las cuidaba, ya que la tía Gracia desconocía la agricultura tanto como Fernando. El terreno lo heredó ella de su padre, que sí era agricultor. Lo recibió agradecida, pero agradeció aún más el día que un joven Rafael se le acercó para indicarle qué debía hacer si quería mantener la cosecha año tras año. A partir de ese momento, Rafael se convirtió en su mano derecha. Era él quien contrataba a los trabajadores, quien decidía cuándo recoger, cuándo regar, cuándo podar, qué olivas destinar a aceite y cuáles para consumir. Eran y fueron un equipo los más de treinta años que trabajaron juntos.

Die Verkleinerungsform im Spanischen ist in der Regel immer **-ito/-ita (un besito, una cosita).** Das Suffix **-illo/-illa** wird öfter in Andalusien benutzt. Andere Formen sind **-ico/ -ica** (Murcia, Aragón), **-ete/-eta** (Cataluña, Comunidad Valenciana), **-ino/-ina** (Extremadura), **-iño/-iña** (Galicia), **-uco/-uca** (Cantabria).

—¿Dice que no trabajaba usted para Fernando? —Dávila y Torres consiguieron llegar a casa de Rafael sin problemas gracias a los datos de la agenda de Fernando.

—Al principio sí, pero no mucho. Los últimos años ya lo dejé solo.

—¿Y eso?

—Tenía muy claro lo que quería hacer y no me necesitaba.

—Mucho terreno para alguien inexperto, ¿no cree?

—Lo que yo crea no importa. Él decidió que se apañaba solo y ya está. Teníamos opiniones distintas sobre el trabajo, así que tampoco me arrepiento.

—¿En qué sentido?

—Su tía Gracia sabía reconocer la propia falta de experiencia, incluso cuando ya sabía mucho más que otros que se llaman agricultores. Yo la respetaba por eso, y ella me respetaba a mí por saber gestionar sin apartarla de su posición. Eso Fernando nunca lo entendió. Se encontró de pronto con un millar de olivos y se pensaba que con recoger el fruto en temporada ya estaba todo hecho. Las cosas no funcionan así, no señor —Sin necesidad de preguntas, Rafael se arrancó en un monólogo que expresaba esa rabia callada que ya no aguantaba más—. Despidió a toda la plantilla sin consultármelo. "Ya contrataremos temporeros", me dijo. ¿Temporeros? ¿Y el resto del año qué? Este se pensaba que los árboles se riegan solos. Y si solo fuera regar… Luego, claro, cuando llega el otoño contratas lo que venga ese año, unos con más experiencia, otros con menos…

en cuestión	betreffend
chiquillo *m*	(kleines) Kind
cosecha *f*	Ernte
convertirse *irr* en	werden zu
regar *irr*	gießen
podar	beschneiden
inexperto	unerfahren
apañarse	zurechtkommen
arrepentirse *irr*	bereuen
gestionar	führen, leiten
apartar	verdrängen
arrancarse en	*hier*: sich hineinsteigern in
rabia *f* callada	unterdrückte Wut
plantilla *f*	Belegschaft

—¿Qué pasó con sus trabajadores? —preguntó Torres.
—Se colocaron en otros sitios. No tardaron ni dos meses.
—Y usted con los nuevos trabajadores no…
—Si no es eso. Yo también contrataba temporeros, por supuesto. Pero los capataces, los que organizan todo, eran gente de mi confianza. Después de tantos años… y de pronto llega el niñato este que… No se confunda —hizo una pausa aclaratoria—, me duele mucho su muerte, no tiene nada que ver con eso.
—Siga.
—Pues lo que le digo, que no sabía de nada y quería saber de todo. Si no sabes torear (i)…

colocarse	*hier*: Anstellung finden
capataz *m*	Vorarbeiter
ϟ niñato *m*	Rotznase
confundirse	sich täuschen
aclaratorio	erklärend

Manolete, si no sabes torear pa qué te metes ist eine spanische Redewendung, die dazu anhält, sich lieber herauszuhalten, wenn man von etwas nichts versteht; im Deutschen etwa vergleichbar mit „Schuster, bleib bei deinen Leisten". **Manolete** (1917-1947) war ein berühmter Stierkämpfer, der starb, nachdem er von einem Stier auf die Hörner genommen wurde.

Ejercicio 11: Antónimos. Ordnen Sie die Gegenteile einander zu!

1. ☐ despedir — a) respuesta
2. ☐ encontrar — b) diálogo
3. ☐ monólogo — c) contratar
4. ☐ pregunta — d) esparcir
5. ☐ recoger — e) buscar

—Por lo que veo, no le sentó muy bien perder esa posición privilegiada que tenía antes.

—No **se equivoque** —reaccionó enfadado—. Yo me fui por perder privilegios, pero no los míos, sino los de mi gente. Yo ya estoy mayor para aguantar tonterías y encima ver cómo contratas a inmigrantes y gitanos para pagarles dos duros (i).

> Ein **duro** entsprach vor der Einführung des Euro einem 5-**pesetas**-Stück. Heutzutage sind Ausdrücke mit **duros** immer noch in aller Munde, vor allem in der Bedeutung „kaum Geld haben": **Les pagan dos duros/cuatro duros. No tengo ni un duro.**

—¿Gitanos?

—Sí. Pagas en negro, sin contrato ni **seguro laboral**. Y jornadas largas hasta para tratarse del campo. Los pobres inmigrantes no **se quejan**, y menos los que no tienen **papeles**, pero los gitanos... ay, amigo, eso ya es otra cosa. Se lo dije, mire que se lo dije. Se lo **advertí** y no me escuchó.

—¿Cree entonces que su muerte puede estar relacionada con la pelea de la casa Heredia?

—Es muy probable, los Heredia trabajaban para él.

—¿Conocía al otro chico que murió, David Gómez?

—Ese fue el que le **calentó la cabeza**. Otro que no tenía ni idea. Niño rico que se hace con el negocio de papá y piensa que sabe más que nadie.

equivocarse	sich irren
seguro *m* laboral	*hier*: Arbeitsvertrag
quejarse	sich beschweren
papeles *m pl*	*hier*: Ausweise
advertir *irr*	*hier*: raten
ϟ calentar la cabeza	nerven, in den Ohren liegen
ocultar	verbergen
sospecha *f* de culpabilidad	Schuldvermutung

La conversación con Rafael todavía se alargó un poco más. No les tenía simpatía a ninguno de los dos, pero tampoco lo **ocultaba**. Precisamente por eso, cualquier **sospecha de culpabilidad** se diluyó durante la conversación. Se le veía un hombre con conocimiento, irritado por las malas gestiones y el exceso de soberbia. Lo que les quedó claro al sargento Torres y a la agente Dávila es que los olivos eran el punto de encuentro entre David Gómez, Fernando Herrera y las familias Vargas y Heredia.

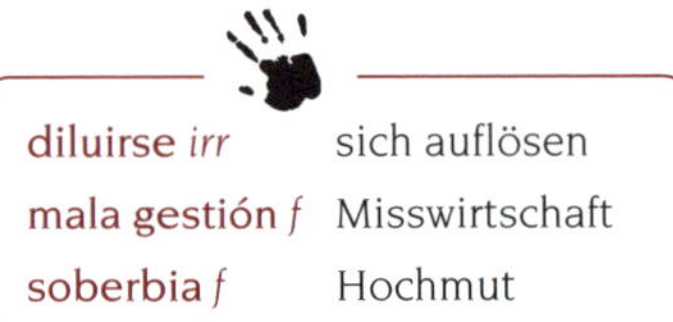

diluirse *irr*	sich auflösen
mala gestión *f*	Misswirtschaft
soberbia *f*	Hochmut

Ejercicio 12: ¿Verdadero o falso? Welche Aussagen sind richtig? Kreuzen Sie an!

1. Rafael y la tía Gracia tenían una buena relación. ❐
2. Fernando aceptaba los consejos de Rafael. ❐
3. Fernando prefería contratar trabajadores temporales. ❐
4. El verdadero agricultor era el padre de la tía Gracia. ❐
5. Rafael conoció a Gracia poco antes de la muerte de esta. ❐

4 El otro abuelo Heredia

David Gómez padre no los recibió como esperaban. Los invitó a pasar, les puso un café, esperó pacientemente las galletas que traía su mujer para acompañar la **sobremesa** y se sentó en el sofá **ansioso** por conocer las novedades. Torres y Dávila, por su parte, **aguardaban** nueva información y nuevas pistas. Deseaban escuchar acerca de Fernando Herrera, de Rafael, incluso de la familia Heredia, pues habían averiguado que su trabajo en las tierras no fue algo puntual. Sin embargo, el señor Gómez no parecía saber nada del asunto. *Quizá* y *no lo recuerdo* eran sus respuestas para todo. Cuando decidió **cederle** el negocio a su hijo, lo hizo completamente y de una sola vez.

—¿Cómo **pretende** que me crea que no sabe quién trabaja en sus olivares?

—Así es. Tengo 68 años. **Me jubilé** hace poco tiempo, pero lo hice **a conciencia**. Mi hijo **se ocupaba de** todo.

—¿Y ahora qué piensa hacer? Tendrá que reestructurar la empresa.

—No ha pasado ni una semana de la muerte de mi hijo. Créame si le digo que todavía no lo he pensado —contestó **tajante**.

sobremesa *f*	Zeit nach dem Essen
ansioso	unruhig, gespannt
aguardar	erwarten
ceder	überlassen
pretender	verlangen
jubilarse	in den Ruhestand treten
a conciencia	bewusst
ocuparse de	sich kümmern um
tajante	kategorisch

—Discúlpeme —Torres dejó correr los segundos antes de continuar con la entrevista—. **Dada** su juventud y su corta experiencia, su hijo recibiría consejos de alguien más.

—Él y su hermano Ángel lo controlaban todo. No lo hacían nada mal. El año pasado consiguieron incluso más beneficios de los que yo llegué a conseguir nunca.

dado	angesichts
mencionar	erwähnen
viva imagen de	wie aus dem Gesicht geschnitten
doblar	beugen
nómina *f*	Gehalt
testigo *m/f*	Zeuge, Zeugin
apalear	verprügeln
a las afueras	in der Umgebung
¿Cómo se atreve?	Wie können Sie es wagen?
no hacer *irr* **caso**	ignorieren

—¿Tiene otro hijo? —preguntó el sargento sorprendido.

—Sí, un año menor que David.

—¿Y por qué no lo **mencionó** la última vez que estuvimos aquí?

—Ángel estaba fuera. La verdad, no lo pensé. Pero si quieren hablar con él ahora…

A los pocos minutos, un joven bajó por la escalera del fondo. Era la **viva imagen de** su madre y tenía un enorme parecido con su hermano. Se acercaba de manera pausada, apoyándose en los muebles para avanzar y evitando **doblar** la rodilla derecha más de lo necesario.

—¿Querían hablar conmigo? —preguntó.

—Nos gustaría hablar de la situación actual de su empresa.

—Ustedes dirán.

—Nos haría falta ver los contratos y las **nóminas** de sus trabajadores.

—¿Se puede saber para qué?

—Un **testigo** ha declarado ciertas irregularidades en la contratación del personal y necesitamos comprobarlo.

—¿Y eso qué tiene que ver con la muerte de mi hermano? —contestó enfadado.

Ejercicio 13: Subjuntivo. **Ergänzen Sie die Verbformen im Presente de subjuntivo!**

1. salir (vosotros) ____________________
2. pensar (tú) ____________________
3. disculparse (ella) ____________________
4. hacer (yo) ____________________
5. creer (nosotros) ____________________

—Esas irregularidades pudieron ser la causa de la pelea.
—No, si ahora la culpa va a ser suya también. ¡Lo que hay que aguantar!
—¿De qué está hablando, hijo?
—Déjalo, papá. A mi hermano lo apalearon los gitanos. ¿O no ha visto dónde apareció su cuerpo?
—Sí —contestó Torres—, junto a otros siete cadáveres y uno más que ha aparecido a las afueras del pueblo. Fernando Herrera, lo mismo le suena de algo.
—¿Por qué debía conocerlo[i]?
—Porque conocía a su hermano y porque decidió seguir sus consejos de ahorrarse dinero con contratos en negro.
—Pero, ¿cómo se atreve?
—Ángel, hijo, cálmate. Será un error, no hagas caso.

Das männliche Akkusativpronomen **lo** ist gegen **le** austauschbar, sofern es eine Person vertritt. Die **RAE** empfiehlt immer **lo**. Das weibliche Pronomen **la** ist von dieser Regelung ausgeschlossen und kann nicht ersetzt werden.

—Puede que estemos equivocados, no lo niego —El sargento **mantenía la calma**, mientras Ángel Gómez **se alteraba** por momentos—. Enséñenos los papeles que le pedimos y aclarémoslo todo.

—Trae los **dichosos** papeles —insistió el padre—. Lo que está diciendo es muy grave.

—Pero, ¿te quieres callar? No les voy a seguir el juego —dijo mirando al sargento Torres—. Si quieren ver documentos oficiales, traigan una **orden de registro**. Mientras, ocúpense de encontrar al culpable de la muerte de mi hermano. Y ahora, si no les importa… —Ángel se levantó del sillón sin despedirse y les dio la espalda.

> **Cayó** und **calló** sind lautlich zum Verwechseln ähnlich. Behalten Sie daher den Verbstamm im Blick: **cayó (caer)** vs. **calló (callar).** Außerdem: **creyó (creer)** vs. **creó (crear).**

—Parece que le cuesta andar, señor Gómez —**observó** Dávila—. ¿Ha tenido alguna pelea últimamente?

El padre contestó por él hijo.

—Se cayó[i] de la moto hace dos días. Se presentó así en casa. **Menos mal** que esta vez **se quedó en un susto**.

—Papá, cállate.

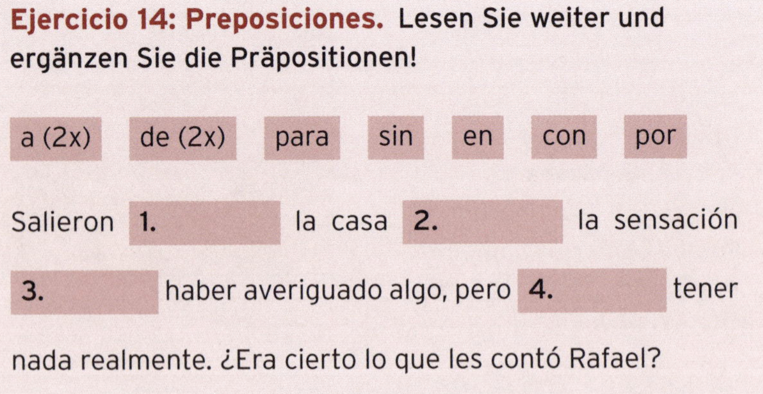

Ejercicio 14: Preposiciones. Lesen Sie weiter und ergänzen Sie die Präpositionen!

a (2x) | de (2x) | para | sin | en | con | por

Salieron **1.** ______ la casa **2.** ______ la sensación **3.** ______ haber averiguado algo, pero **4.** ______ tener nada realmente. ¿Era cierto lo que les contó Rafael?

¿El accidente de moto que solo se creía su padre? Iban **5.** ______ necesitar una orden **6.** ______ poder descifrar las pistas. Paseando **7.** ______ el pueblo, pensaban **8.** ______ las posibles alternativas que tenían y solo llegaban **9.** ______ una misma conclusión:

–Todo sería mucho más fácil con un testigo.

mantener *irr* la calma	die Ruhe bewahren
alterarse	sich aufregen
dichoso	verdammt
orden *f* de registro	Durchsuchungsbefehl
observar	beobachten
menos mal	Gott sei Dank
ϟ quedarse en un susto	mit dem Schrecken davonkommen
implicado	verwickelt
condición *f* laboral	Arbeitsbedingung

—Gerardo Vargas y Ángel Gómez estuvieron en la pelea, solo tenemos que demostrarlo.

—Pues dime tú cómo, Torres. Parece que no quedan testigos vivos. Aquí nadie vio nada ni sabe nada.

—No hablan porque hay algo más. Tuvo que haber más gente allí, pero todo el que entró a esa casa está implicado. ¡Por eso no hablan!

—¿Y otros agricultores? ¿Y si todos cambiaron las condiciones laborales? Fernando y David eran muy pocos para enfrentarse a todos los demás.

—Puede que tengas[i] razón. Necesitamos saber quién más tiene tierras aquí.

> **Puede que, quizás, es probable que** und andere Ausdrücke des Zweifelns werden immer von **Subjuntivo** begleitet. Nur auf **a lo mejor** folgt Indikativ: **A lo mejor tienes razón.**

—En el ayuntamiento deben de tener esa información.
—¡Vamos!

Antes de llegar, una joven les cortó el paso. Se presentó con un mensaje de su abuelo, un Heredia, y los llevó a la casa del anciano, pues este tenía algo que contarles. Ni ella misma sabía de qué se trataba, tan solo era la **mensajera**. En la casa encontraron a un hombre mayor, de más de 80 años, sentado en una **butaca** en una esquina de la habitación. Apenas entraba luz a través de las cortinas. Algunos reflejos le iluminaban **levemente** la cara y dejaban verle la penetrante mirada. Se **intuía** también la posición de su cuerpo. Los esperaba con la espalda recta y la cabeza y las manos sobre un **bastón** antiguo, probablemente casi tanto como él.

mensajero/a *m/f*	Bote, Botin
butaca *f*	Lehnstuhl
levemente	leicht
intuir *irr*	erahnen
bastón *m*	Stock
sufrimiento *m*	Leiden
amenaza *f*	Drohung

—Los estaba esperando, pasen —habló desde el fondo.
—¿Usted es..?
—José. Mi hermano era Antonio Heredia.
—No le vimos en el velatorio —indicó Dávila.
—Yo no estoy ya para ir a ningún sitio. Velo a mis muertos en mi casa —Hablaba con largas pausas, dando importancia a cada palabra—. Mi hermano, mi sobrino, la niña. No sé si estas paredes aguantarán tanto **sufrimiento**. Por eso les he hecho venir. Esto tiene que acabar. Ya ha habido demasiada sangre.
—¿A qué se refiere?
—Yo ya estoy viejo. Los jóvenes no escuchan. A mi hermano tampoco lo escuchó su hijo, y así acabaron.
—Pero, ¿de qué habla?

Ejercicio 15: ¿Correcto o falso? **Antworten Sie richtig und enträtseln Sie das Lösungswort!**

	correcto	falso
1. Un hombre mayor es una persona alta.	d	g
2. Enfrentarse es sinónimo de discutir.	i	e
3. Existe la policía y el policío.	d	t
4. La aceituna es distinta a la oliva.	o	a
5. Enemigo es antónimo de amigo.	n	r
6. El cerecero da cerezas.	e	o

Lösung: _ _ _ _ _ _

—Los gitanos tenemos nuestras propias leyes. No creemos en vuestra justicia ni en vuestros jueces. Muchos no van a entender por qué lo he hecho, pero como les digo: yo ya estoy viejo. Que vengan a buscarme, si quieren.

—Don José, perdone, pero no sabemos adónde quiere llegar —El sargento intentaba comprender el sentido de aquel discurso.

—En la casa de mi hermano estuvieron todos los gitanos de este pueblo y más payos de los que puedan contar. Se presentaron en su casa con amenazas y la casa se llenó de gente en cuestión de minutos.

Que + subjuntivo ist normalerweise Ausdruck eines Wunsches: **¡Que aproveche! ¡Que te mejores! ¡Que lo pases bien! ¡Que seáis muy felices!** Der vorliegende Fall verlangt **Subjuntivo**, weil hier eine indirekte Aufforderung (Sollen sie mich doch holen ...) vorliegt.

—¿Quiénes? ¿David Gómez y Fernando Herrera?

—Esos y muchos más. Los **dueños** de todos los olivares.

—Pero, no lo entiendo —interrumpió Torres—. Si el motivo de la pelea fueron las condiciones laborales, ¿por qué las amenazas venían de los propietarios?

dueño *m*	Besitzer
ponerse *irr* **de acuerdo**	sich einigen
por su cuenta	selbst(ständig)
miseria *f*	*hier*: lächerliche Summe
fraude *m*	Betrug
venganza *f*	Rache
escabullirse	entwischen
desviar	abwenden, richten (Blick)
asustado	erschrocken, verängstigt
desplomado	zusammengebrochen

—Mi sobrino Amador, Manuel Vargas, sus primos y todos los demás que trabajaban para ellos **se pusieron de acuerdo** para vender las olivas **por su cuenta**.

—Es decir, las robaron.

—Era su forma de conseguir un sueldo justo. No lo defiendo, pero tampoco le diré que no lo comprendo.

—Así que es eso. Los jefes les pagan una **miseria** y ellos les roban el producto. Se enteran del **fraude** y van por ellos.

—Las disputas vienen de mucho antes, pero nunca habían llegado tan lejos. Tienen que pararlo, porque se va a repetir. Antes por dinero, ahora por **venganza**.

—Haremos lo que podamos, pero sin un testigo que confirme todo lo que nos ha contado, no podremos hacer demasiado.

—Hay dos testigos —añadió de pronto.

—¿Cómo dice? —Torres y Dávila se miraron sorprendidos esperando el resto de la información.

—Los nietos de mi hermano: Sara y Nicolás. Estaban en la comida familiar cuando empezó todo. Por suerte, consiguieron **escabullirse** por detrás de la finca y vinieron aquí corriendo. Ellos fueron quienes me contaron lo que había pasado.

—¿Dónde están? —exclamó Torres—. ¿Por qué todo el mundo tiene hijos que no conocemos? —Dávila se le quedó mirando sin saber qué contestar y **desvió** la vista poco después. Por la puerta de la cocina aparecieron dos niños **asustados** de no más de diez u once años.

Aquellos niños eran sus testigos. Los únicos probablemente que aun estando presentes no tuvieron implicación alguna en la pelea. Ellos confirmaron la presencia de Gregorio Vargas y de Ángel Gómez, entre otros muchos. Ellos, a pesar de su corta edad, explicaron con detalle el momento en el que se presentaron los dueños. Explicaron también lo que tardaron los demás del pueblo en aparecer y cómo, después de ver a su hermana **desplomada** en el suelo, salieron asustados por la puerta de atrás.

Ejercicio 16: Personajes. Welche Personen werden beschrieben? Ergänzen Sie die Namen!

1. Miente sobre la causa de su pierna herida:

   ____

2. Llega a la conclusión de que hubo más propietarios en la batalla: ______________________
3. Incumple las leyes gitanas: ______________________
4. Acompaña a Torres y a Dávila a casa de José Heredia:

   ____

5. Pide a Ángel que se calme y que colabore con la Guardia Civil: ______________________

Suicidio en Bilbao

Jaime Bordajandi Falcó

El farmacéutico de la calle Somera

En medio de la habitación, colgando del cuello, atado con su propia corbata, parecía un ser totalmente vulnerable. Nada que ver con el hombre rico y poderoso que fue durante toda la vida. Un magnate de los negocios, un comerciante audaz que dominaba el mercado. Todos los mercados. Consiguió su primer millón vendiendo pastillas contra la tos. El negocio le venía de familia, pues su padre y su abuelo regentaban la farmacia más antigua de Bilbao, aquella que tres generaciones después aún seguía en el mismo lugar. Él pasó de boticario a farmacéutico. Él llenó las paredes de títulos universitarios y reconocimientos académicos. Él dejó de preparar remedios para sus clientes y comenzó a producirlos en serie. Con él, su apellido saltó de la calle Somera (i)

colgar *irr*	aufhängen, erhängen
atar	festbinden
vulnerable	verwundbar
comerciante *m*	Geschäftsmann
audaz	kühn
tos *f*	Husten
regentar	leiten, führen
boticario *m*	Apotheker
remedio *m*	Heilmittel

Die Altstadt von Bilbao (**Casco antiguo**) ist auch unter dem Namen **Las siete calles** bekannt, abgeleitet von den sieben Straßen, die durch das mittelalterliche Dorf führten. Eine dieser Straßen ist die **calle Somera**, heute auch **Goienkale** (Baskisch) genannt. Mittlerweile sind über 300 Straßen in Bilbao einmal auf Spanisch und zugleich auf Baskisch beschildert.

a dar nombre a una de las torres más **emblemáticas** de Bilbao, la Torre Amezcua[i].
Su despacho se situaba en la planta 17 y su nombre, sin necesidad de carteles, se veía desde cualquier parte de la ciudad. Esa torre, ahora acompañada de otras muchas, algunas incluso de mayor **tamaño**, fue la primera en mirar desde arriba a Bilbao. Ignacio Amezcua, Iñaki[i] para los amigos, nunca dejó de mirar desde arriba. Quizás por eso decidió **ahorcarse** y quedar **suspendido** de la lámpara de techo a saltar por la ventana de vistas panorámicas. La caída habría despertado demasiado **alboroto**. Demasiado escándalo. Él no era así. Él, que todo lo pensaba y lo **meditaba** repetidas veces, siempre iba **impecable**.
La voz de alarma la **dio** su secretaria, la primera en llegar cada día y prácticamente la última en irse cada noche. Al entrar al despacho para dejarle los periódicos como cada mañana, no pudo **reprimir** el **grito desgarrador** que se escuchó

> Bilbao ist die Hauptstadt der Provinz Vizcaya (País Vasco). Sie ist eine industrielle Stadt im Norden Spaniens mit über 900.000 Einwohnern. Der **Torre Amezcua** exisistiert nicht, obwohl die Stadt viele Türme zählt; die höchsten messen 165 Meter bzw. 41 Etagen.

> **Iñaki** ist der baskische Name für **Ignacio.** Weitere typisch baskische Namen haben folgende spanische Entsprechung: **Mikel (Miguel), Xabier (Javier), Maia (Maria), Gorka (Jorge), Julen (Julián), Edurne (Nieves), Anne (Ana), Nekane (Dolores)** u. a.

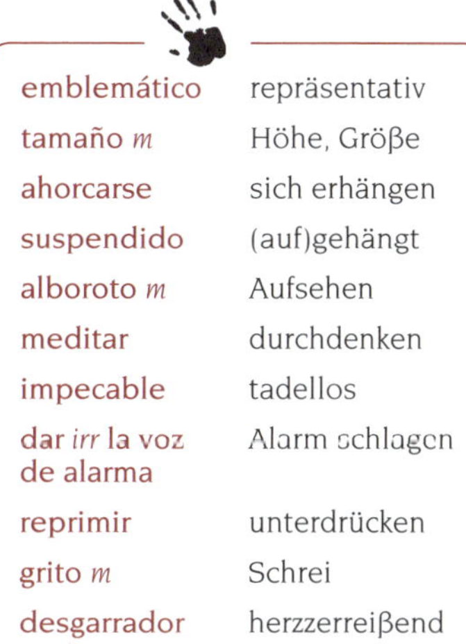

emblemático	repräsentativ
tamaño *m*	Höhe, Größe
ahorcarse	sich erhängen
suspendido	(auf)gehängt
alboroto *m*	Aufsehen
meditar	durchdenken
impecable	tadellos
dar *irr* la voz de alarma	Alarm schlagen
reprimir	unterdrücken
grito *m*	Schrei
desgarrador	herzzerreißend

en toda la planta. Dejó caer los diarios y llamó **urgentemente** a una ambulancia. **Inocente**, pensaba que los médicos podrían hacer algo por él. Tras esa llamada todo se le fue de las manos. Sin saber quién, alguien **filtró** la noticia a la prensa. Algunos periodistas fueron más rápidos incluso que la Policía. **Atrapados** en la planta 17, sanitarios y agentes intentaban hacer su trabajo mientras los **porteros** del edificio **impedían** la entrada a todo aquel que no llevaba uniforme.

urgentemente	eiligst
inocente	naiv
filtrar	durchsickern lassen
atrapado	*hier*: festsitzend
portero *m*	Pförtner
impedir *irr*	verhindern
expectación *f*	Schaulust

Ejercicio 1: ¿Verdadero o falso? **Wie gut kennen Sie Bilbao? Kreuzen Sie die richtigen Aussagen an!**

1. El museo más famoso de la ciudad es el Prado. ❐
2. Las tapas allí se llaman *pintxos*. ❐
3. El casco antiguo se llama "Las siete calles". ❐
4. Los carteles de las calles están en dos idiomas. ❐
5. Es la capital de Navarra. ❐

—No sé a qué viene tanta **expectación** —señaló la inspectora Lara Erice—. Hasta donde yo sé, nunca se ha informado de los suicidios.[i]

—Ya sabes cómo va esto. No se informa hasta que el suicida tiene apellido propio.

Über Suizide wird normalerweise nicht in den Medien berichtet. Die Persönlichkeitsrechte zu wahren - auch posthum - ist von Gesetzes Wegen bedeutsamer, als dem öffentlichen Interesse Genüge zu tun. Einen Ausnahmefall stellt u. a. der Tod einer namhaften Person dar.

empujar	wegschieben, umschubsen
tomar medidas	Maß nehmen
de puntillas	auf Zehenspitzen
no estar *irr* en condiciones	nicht in der Verfassung sein

Ejercicio 2: Indefinido. Lesen Sie weiter und ergänzen Sie die Verbformen im Indefinido!

–Ya me imagino. En fin. Aquí poco podemos hacer, más que fotos y tomar algunos datos para el informe. El modo lo tenemos delante: 1. Subirse (él) ______________ a esa silla, 2. atar (él) ______________ la corbata a la lámpara y a su cuello y 3. empujar (él) ______________ la silla con los pies. Que tomen medidas, pero no se lo 4. poder (él) ______________ pensar mucho, yo creo que llegaba tan solo de puntillas. ¿Hemos avisado a la familia?

–Sí, sus sobrinos y su cuñada están de camino. Su hermano, me han dicho, no está en condiciones.

–Algo **5.** escuchar (yo) ______________ en la radio. Está **ingresado** en una clínica desde hace algún tiempo. Por lo visto, el **cáncer** se le ha reproducido.

—¿Quieres que los **interroguemos** por separado? —preguntó el agente Rivas.
—No va a ser necesario. Aquí no hay más **culpable** que él mismo. Me extraña, pues justo ayer salió por televisión. Pero quién sabe, estos ricos siempre dan el **perfil** bueno.
—A lo mejor la familia nos aclara algo.
—Puede ser, avísame cuando lleguen. Mientras, dile a Jimeno que haga fotos de todo. No quiero tener problemas más adelante —aclaró la inspectora Erice.

ingresado	eingeliefert
cáncer *m*	Krebs
interrogar	verhören
culpable *m/f*	Schuldige(r)
perfil *m*	*hier*: Seite
conmoción *f*	Erschütterung
evidente	offensichtlich
mantener *irr* **la compostura**	den Anstand wahren
investigación *f*	Ermittlung

La familia no se hizo esperar. Su **conmoción** era **evidente**. Los agentes les avisaron de lo que encontrarían al llegar e intentaron prepararlos psicológicamente, pero no fue suficiente. Su cuñada sufrió un ataque de ansiedad al ver el cuerpo y necesitó asistencia médica al ver el cuerpo. Sus sobrinos, pese a todo, consiguieron **mantener la compostura**. Para Amaia, la más pequeña de los tres hermanos, resultaba particularmente difícil, pues tenía con su tío una relación especial. Mikel y Xabier fueron los primeros en interesarse por la **investigación**.

—No hemos abierto ninguna investigación —contestó Erice—. Es evidente que su tío se ha suicidado. **A no ser**, claro está, **que** ustedes quieran presentar una **denuncia**. ¿Tienen alguna sospecha de alguien que le pueda haber empujado a quitarse la vida?
—No, claro que no —respondió Mikel—. Mi tío no tenía motivos para esto. Por eso nos cuesta creerlo.
—¿Cuándo fue la última vez que hablaron con él?
—Ayer mismo. Trabajamos aquí.
—¿Notaron algo extraño en él? ¿Lo vieron deprimido, preocupado, distante?
Esta vez fue Xabier quien tomó la palabra.
—Estaba como siempre. Serio, concentrado, pero él era así, y más en el trabajo. Obsesionado con las ventas y la producción. Las acciones de la empresa, el mercado en Estados Unidos y Asia. No, estaba como siempre. —Finalizó su explicación dejando entrever un tono de ironía en sus palabras.

a no ser que	es sei denn, dass
denuncia *f*	Anzeige
lágrima *f*	Träne
acompañar a alguien en el sentimiento	jdm. sein Beileid ausdrücken

—Parece que era un hombre ocupado.
—Era Ignacio Amezcua, no sé de qué se sorprende. —Amaia los interrumpió y se sumó a la conversación aún con **lágrimas** en los ojos—.
—**La acompaño en el sentimiento**, señora…

Bei positiven Befehlen wird das Reflexivpronomen immer direkt an das Verb angehängt: **llámeme, siéntate, levantaos.** Für die negative Befehlsform steht es gesondert vor der Verbform: **no me llame, no te sientes, no os levantéis.**

—Amaia, llámeme[i] Amaia.
—Lo siento mucho, Amaia.
—Gracias.

Ejercicio 3: Familia. Vervollständigen Sie die Sätze!

1. Tu cuñada es la mujer de tu ________________.
2. Tu tía es la ________________ de tu padre.
3. La madre de tu mujer es tu ________________.
4. Los hijos de tu hermana son tus ________________.
5. Si tienes hijos, tus padres tienen ________________.

—Sus hermanos me han contado que no habían notado nada extraño en su comportamiento. ¿Qué me dice usted? ¿Advirtió algo distinto los últimos días?
—Estaba nervioso por el lanzamiento de un nuevo medicamento. Pero es normal, eso siempre lo alteraba.
—¿Diría que el estrés pudo ser la causa?
—Mi tío convivía con el estrés. No he visto hombre más ocupado que él nunca. No entiendo qué ha podido pasársele por la cabeza.
—Se lo veníamos diciendo desde hacía tiempo —intervino Mikel—, el trabajo va a acabar contigo. Pero no nos hacía caso.
—¡Claro que no! —confirmó Xabier—. ¿No ves que no tenía vida más allá de estas paredes? Y se molestaba si le decías que no te podías quedar por la noche, ¿te acuerdas?
—¡Sin él esta empresa no sería lo que es hoy! Así que, mejor, déjalo —exclamó Amaia.

advertir *irr*	(be)merken
lanzamiento *m*	Einführung eines Produktes auf dem Markt
alterar	in Unruhe versetzen
no hacer *irr* caso	ignorieren, nicht zuhören

—Ay, tú siempre defendiéndolo, hermanita. Pues mira de qué te ha servido.

Amaia era la preferida de Ignacio. Siempre lo había sido. Los chicos lo querían, lo respetaban, le pedían ayuda siempre que la necesitaban, pero ella lo **admiraba**. Se sentía reflejada en él. La **dedicación** a la empresa, el exceso de responsabilidad, parecía que todo lo **había heredado** de él más que de su propio padre, que siempre fue **a remolque de** su hermano mayor y nunca tuvo el carisma necesario para dirigir una multinacional.

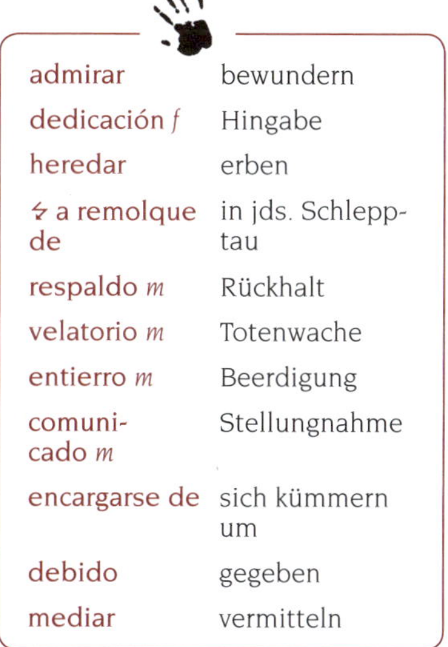

admirar	bewundern
dedicación *f*	Hingabe
heredar	erben
ϟ a remolque de	in jds. Schlepptau
respaldo *m*	Rückhalt
velatorio *m*	Totenwache
entierro *m*	Beerdigung
comunicado *m*	Stellungnahme
encargarse de	sich kümmern um
debido	gegeben
mediar	vermitteln

—Señora comisaria —dijo la cuñada al acercarse.
—Inspectora.
—Perdón, inspectora. ¿Cuándo lo van a bajar de ahí? ¡No puedo ni mirarlo!
—En cuanto nos lo permita el juez. Pero le aseguro que ya no tardará. Puede salir si lo desea, podemos hablar en la comisaría si le resulta más cómodo.
—¡Ay, Dios mío! ¿Y qué le vamos a decir a tu padre? —Candela Márquez se llevaba las manos a la cabeza buscando el **respaldo** de sus hijos.
—No te preocupes por eso ahora, mamá.
—¡Cómo no me voy a preocupar! Tenemos que organizar el **velatorio** y el **entierro**, avisar a los socios, preparar un **comunicado**. ¡Vuestro padre no **se** puede **encargar de** todo eso! ¡Lo tendríais que estar haciendo vosotros!
—Todo a su **debido** tiempo, señora —**medió** la inspectora.

Ejercicio 4: Imperativo. **Ergänzen Sie die Verbformen im positiven und negativen Imperativ!**

1. acostarse (tú) ______________ / ______________
2. venir (vosotros) ______________ / ______________
3. conducir (usted) ______________ / ______________
4. enfadarse (tú) ______________ / ______________
5. pedir (ustedes) ______________ / ______________

Tal y como había asegurado Erice, el juez no tardó en llegar. Inspeccionó el despacho, observó el cuerpo y dio orden de retirar muestras y cadáver. Candela salió de la habitación. Sus hijos se quedaron mirando la cara relajada y triste de su tío mientras lo descolgaban. Ignacio Amezcua había conseguido controlar hasta el momento más incontrolable, pues su cara parecía dormida. No se reflejaba en ella ni un solo ápice de sufrimiento y asfixia.

—Se le ve tranquilo. Miradlo, parece que esté descansando — Amaia y sus hermanos acompañaron el cuerpo en su salida hacia el tanatorio.

retirar	wegbringen
descolgar *irr*	abhängen
ápice *m*	Fünkchen
sufrimiento *m*	Leiden
asfixia *f*	Ersticken
tanatorio *m*	Leichenhalle
convencer *irr*	überzeugen
venirse *irr* abajo	zusammenbrechen
ocultar	verheimlichen
averiguar	ermitteln, herausfinden
descabellado	abwegig, unsinnig

—¿Suicidio por estrés? —preguntó el agente Rivas cuando se quedó a solas con la inspectora.

—Es lo único que tenemos. De todas formas, no me convence. Un hombre tan acostumbrado al estrés, no se puede venir abajo de pronto.

—¿Crees que ocultaba algo?

—Eso es lo que tenemos que averiguar, pero no sería tan descabellado pensarlo, ¿no crees?

Posibles causas de suicidio

De vuelta en la comisaría, la inspectora Erice y su compañero David Rivas seguían intentando averiguar la causa que pudo llevar a un hombre como Amezcua, que lo tenía todo, al suicidio. Ni sus familiares ni sus conocidos habían notado nada extraño en los últimos días. A todos les **pilló por sorpresa** la noticia. Siempre había sido un hombre discreto, pero **hasta** los más reservados encuentran un **confidente** a quien contarle sus mayores preocupaciones.

pillar por sorpresa	überraschen
hasta	*hier*: sogar
confidente *m/f*	Vertraute(r)
quitarse de en medio	sich einer Sache entziehen
ϟ tirar del carro	den Laden schmeißen
directivo *m*	Manager, Leiter
cargo *m*	Amt

—No me entra en la cabeza que alguien tan responsable como él quiera **quitarse de en medio**. —Erice y Rivas trataban de darle sentido a una historia que de por sí ninguno de los dos entendía.

—Estaría cansado de **tirar del carro**. Cuando su hermano estaba bien se repartían el trabajo, pero ahora lo llevaba todo él.

—¿Tú crees? Yo pienso que el hermano no tenía de **directivo** más que el **cargo**. Siempre se ha dicho que el control lo llevaba Ignacio.

—Sí, es cierto, pero un hermano es un hermano. Y a ellos se les veía muy unidos —insistió Rivas.

—Eso puede ser. Hace poco que **recayó**. Deberíamos preguntarle a la familia en qué grado le **afectó**.

—He leído que fue un golpe bastante fuerte, porque parecía que **se** estaba **recuperando**. Incluso **concedió una entrevista**, y poco después…

—¿Es **terminal**?

—No lo dicen abiertamente, es probable que **ni siquiera** él lo sepa, pero parece que sí.

—Una pena…

—Si a eso le sumas el lanzamiento del nuevo fármaco que nos **mencionó** la sobrina… Quizá fue demasiado hasta para él.

recaer *irr*	einen Rückfall erleiden
afectar	betreffen
recuperarse	sich erholen
conceder una entrevista	ein Interview geben
terminal	*hier*: Endstadium
ni siquiera	nicht einmal
mencionar	erwähnen

Ejercicio 5: Palabra escondida. Enträtseln Sie die Begriffe zum Thema Medizin und finden Sie eine Berufsbezeichnung!

1. Sinónimo de medicamento: _ _ _ _ _ _ □
2. Los niños beben mucho este líquido: _ □ _ _ □ _
3. A veces, la única solución es un pinchazo: □ _ _ _ _ _ □ _ _
4. El hermano de la víctima tiene □ _ _ _ _ □.
5. Ignacio Amezcua se hizo famoso por un remedio contra la □ □ _.

Lösung: □ □ □ □ □ □ □ □ □

—¡Es verdad! ¡El medicamento! —exclamó la inspectora de inmediato—. Esto es lo que vamos a hacer: hablar de nuevo con la familia e informarnos algo más de ese nuevo producto.

No les fue fácil acceder a la clínica en la que estaba ingresado Francisco Amezcua, muchos periodistas se agolpaban en la puerta a la espera de un comunicado que no llegaba. Madre e hijos esperaban también, discutían más bien, pues aún no habían decidido qué decir ni cómo ni cuándo.

Die Regel besagt, dass die Konjunktion **y** immer dann zu **e** wird, wenn das folgende Wort mit **i-** oder **hi-** anfängt: **madre e hijos, Francisco e Ignacio.** Beginnt es aber mit einem Diphthong **hie-**, **hia-** oder **hio-**, verändert sich die Konjunktion **y** nicht. Der Grund liegt in der Aussprache: **hijo** lautet mit /i/ an, **hielo** dagegen mit /j/: ['ixo] - ['jelo].

—Mientras nosotros no nos ponemos de acuerdo, los medios no paran de inventarse historias —apuntó Mikel.

—¿Qué quieres que digamos? ¿Que no sabemos por qué lo hizo? Nos harán preguntas…

—¡Cualquier cosa que los entretenga un par de días para que nos dejen en paz!

Ejercicio 6: ¿Subjuntivo o indicativo? Lesen Sie weiter und unterstreichen Sie die richtige Option!

–Mikel tiene razón –Candela Márquez salió de la habitación de su marido–. Ahora la empresa **1.** es / sea vuestra. Tenéis que empezar a tomar decisiones, y la primera ahora, aunque no os **2.** guste / gusta, es la prensa. Así que salid ahí y decidles lo que **3.** sea / es. Que son momentos difíciles para la familia, que lo **4.** estemos / estamos pasando mal, que **5.** agradecemos / agradezcamos su interés, pero que les pedimos respeto. Lo que **6.** queréis / queráis, pero que **7.** tengan / tienen claro que la empresa no va a sufrir pérdidas. Lo único que nos faltaba ahora sería perder **inversores**...

—Mamá, es muy pronto... —Xabier y Amaia intentaron hacerle cambiar de opinión.

—Cuanto antes, mejor. Y hablad más bajo, se escucha todo desde dentro.

exclamar	(aus)rufen
de inmediato	plötzlich
acceder	hineingelangen
agolparse	sich drängen
entretener *irr*	unterhalten, ablenken
inversor *m*	Investor
ser *irr* consciente de	sich bewusst sein über
evitar	vermeiden
enterarse	etw. erfahren

En la habitación 215 se encontraba Francisco Amezcua. La familia decidió ingresarlo cuando enfermó la primera vez, y ahora, tras su recaída, había vuelto a ocupar la misma habitación. Ya no tenía fuerzas para levantarse de la cama, pero **era** muy **consciente de** todo lo que ocurría a su alrededor, incluso aunque su mujer e hijos le intentaban **evitar** cualquier preocupación. De la muerte de su hermano **se enteró** por televisión. Los medios dieron la noticia a primera hora de la mañana, tan pronto

que los hijos no tuvieron tiempo siquiera de interceptarla. Cuando fueron a hablar con su padre, este les recibió con un simple:
—¿Por qué habéis tardado tanto?

interceptar	aufhalten
rabia *f*	Wut
rencor *m*	Groll
impotencia *f*	Machtlosigkeit
estar *irr* pendiente de	sich kümmern um
apagado	niedergeschlagen

Aquellas palabras lo decían todo. Tristeza, rabia, rencor, pero, sobre todo, impotencia.

Erice y Rivas llegaron justo en el momento en el que los tres hermanos estaban decidiendo qué decir en el comunicado. Se hallaban, ellos tres, sentados en unos sillones de un salón privado. Candela acompañaba mientras a Francisco, que seguía inquieto por los periodistas de la puerta.
—Por fin los encuentro. —Las palabras de Erice interrumpieron una nueva discusión sobre quién (i) debía ser el representante de la familia.

Fragepronomen wie **dónde, cuándo, quién, cómo, cuánto, qué** tragen immer dann einen Akzent, wenn eine (indirekte) Frage gestellt oder ein Ausruf formuliert wird: **¿Quién es el representante? Discuten quién será el representante.** Aber: **Ignacio Amezcua, quien era el representante de la familia, falleció ayer.**

—¿Nos buscaba?
—Nos preguntábamos cómo afectó a su tío la recaída de su padre.
—¿A qué viene esa pregunta? —señaló Xabier algo enfadado.
—Seguimos sin encontrar una causa para el suicidio, y ya que su padre y su tío estaban tan unidos...
—Le dolió muchísimo —añadió rápidamente Mikel—. Estaba siempre muy pendiente de él. Como todos, sí, pero era su único hermano.
—¿Notaron algún cambio en su carácter a partir de ese día?
—Estaba más serio de lo normal, más apagado.

—¿Les llegó a preocupar en algún momento?

Xabier y Mikel callaron de pronto, pensando bien lo que iban a decir. Fue Amaia quien rompió el silencio.

—¡No! ¡Por supuesto que no! ¡Nadie se esperaba esto! ¡No sé a qué viene este teatro ahora! —Y, mirando a sus hermanos, se marchó enfadada.

—Discúlpenla —intervino Mikel, intentando **suavizar** el ambiente—, mi hermana es muy **visceral**.

Antes de **abandonar** la clínica, Amaia los volvió a encontrar por el pasillo.

suavizar	beschwichtigen
visceral	ungestüm
abandonar	verlassen

—Perdonen la escenita de antes —dijo—. Mis hermanos consiguen sacar lo peor de mí.

—Pasa con la mayoría de los hermanos, no se preocupe —contestó la inspectora con una media sonrisa.

—Si me he enfadado antes es porque sé que mi tío no se suicidó por ese motivo.

Ejercicio 7: Oveja negra. Welches Wort passt nicht in die Reihe? Unterstreichen Sie!

1. visceral | temperamental | imitador | impulsivo
2. maletín | rencoroso | vengativo | malévolo
3. inquieto | delgado | nervioso | preocupado
4. tranquilo | sosegado | pacífico | robusto
5. respetuoso | apagado | débil | deprimido

—¿Sabe usted por qué lo hizo? —preguntó intrigado Rivas.

—No, pero sé que no fue por mi padre —Hizo una pausa antes de continuar—. Mi tío y yo hablábamos muchas veces a solas. Mis hermanos siempre dicen que yo era la favorita. Llámenlo como quieran, el caso es que nosotros teníamos una relación especial. Cuando mi aita (i), mi padre, recayó y los médicos nos prepararon para lo peor, yo me vine abajo. Lo recuerdo perfectamente. Fui corriendo a su despacho y rompí a llorar. Les cuento esto porque él lo sabía. Sabía igual que todos que lo de mi padre es cuestión de tiempo. Y aquella noche él me consoló. Me dio un discurso de los suyos animándome, diciéndome que debía ser fuerte, sobre todo por mi padre. Y que después de todo, después del día X, llamémosle así, él iba a estar ahí para ayudarme. Me dijo que no me dejaría sola y que lo superaríamos juntos.

Kleiner Vokabelexkurs auf Baskisch:
aita - Vater
ama - Mutter
aitona - Großvater
amona - Großmutter

intrigado	neugierig
romper a	anfangen zu
consolar *irr*	trösten
superar	überstehen
tenso	angespannt
mentir *irr*	(be)lügen
colocarse	sich hinstellen

—Entiendo —Erice se quedó pensativa tras las palabras de Amaia—. Pero tal y como lo describe, fue una situación muy tensa. Cualquier persona en su lugar habría dicho lo mismo.

—Él no era así. Sé que no me mintió. Nunca lo hacía y sé que nunca lo haría. Hay algo más que no sabemos.

El comunicado de prensa llegó por fin esa misma mañana. Erice y Rivas ya salían en dirección a los Laboratorios Amezcua cuando vieron a los tres hermanos colocarse delante de todos los periodistas y empezar a hablar. No se quedaron a observar, pues sabían que no dirían nada interesante y que igualmente podrían verlo en el **telediario** de las tres. La información sobre el nuevo medicamento les corría mucha más prisa. Sabían que en un par de días estaría en el mercado y querían conocer todos los **entresijos** de la campaña. Como cualquier empresa farmacéutica, los Laboratorios Amezcua **alternaban** los fármacos innovadores y revolucionarios en el **avance** de la medicina con los fármacos corrientes. Este era de los corrientes. Un **protector de estómago**, especialmente **eficaz** y que **pretendía desbancar** a las demás marcas del sector.

> Nachrichten laufen im spanischen Fernsehen normalerweise dreimal täglich: zwischen 6 und 6:30 Uhr, 15 Uhr und 21 Uhr. Primetime ab 22:30 Uhr ist verhältnismäßig spät. Gut 40 % der gezeigten Filme und Serien sind Eigenproduktionen, d. h. in Spanien gedreht.

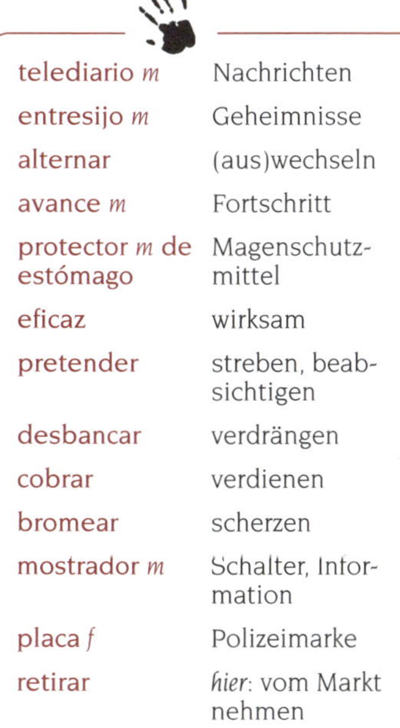

telediario *m*	Nachrichten
entresijo *m*	Geheimnisse
alternar	(aus)wechseln
avance *m*	Fortschritt
protector *m* **de estómago**	Magenschutzmittel
eficaz	wirksam
pretender	streben, beabsichtigen
desbancar	verdrängen
cobrar	verdienen
bromear	scherzen
mostrador *m*	Schalter, Information
placa *f*	Polizeimarke
retirar	*hier*: vom Markt nehmen

—¿Cómo se llama lo que estamos buscando? —preguntó Erice.

—Estosán.

—¿Estosán? ¿Pero a quién se le ocurren esos nombres?

—A alguien que **cobra** mucho más que tú y que yo, seguro —**bromeó** Rivas.

—Allí está el **mostrador**, vamos. Déjame hablar a mí.

Al acercarse mostraron su **placa**, pero antes de poder dar ninguna explicación, el recepcionista habló por ellos dos.

—¿Vienen por lo del medicamento C46? No se preocupen, ya lo estamos **retirando**.

Ejercicio 8: ¿Correcto o falso? Welche Aussagen sind korrekt? Kreuzen Sie an!

1. a) Ignacio Amezcua era el hermano mayor de Francisco. ❐
   b) Ignacio Amezcua era el hermano menor de Francisco. ❐
2. a) Amaia y su padre tenían una relación especial. ❐
   b) Amaia y su tío tenían una relación especial. ❐
3. a) Francisco Amezcua está inconsciente. ❐
   b) Francisco Amezcua está grave. ❐
4. a) Los tres hermanos se han hecho cargo de la empresa. ❐
   b) Mikel, por ser el mayor, se ha hecho cargo de la empresa. ❐
5. a) Ignacio Amezcua mentía a menudo. ❐
   b) Ignacio Amezcua nunca mentía a su sobrina. ❐

—Sí, exactamente —mintió Erice, sin saber adónde[i] les iba a llevar aquella conversación—. Necesitamos examinar algunos datos.
—Lo siento, pero no tengo autorización para facilitarles ninguna información.

—¿Cómo que no? ¿No le ha avisado su **superior**? Nos envía el señor Amezcua.

—¿El señor Amezcua? ¿Pero si el señor Amezcua está..?

—Francisco Amezcua —afirmó la inspectora—. Lo puedo llamar si lo desea y habla usted personalmente con él —continuó, sacando el móvil del bolsillo.

—Está bien —**cedió**—, pueden mirar en esos archivos, pero no pueden llevarse nada.

—De acuerdo, muchas gracias. ¿La causa oficial de la **retirada** es..?

—Eso no lo sé. Recibimos instrucciones hace dos días con efecto inmediato, pero después de lo que ha pasado, no hemos podido tomar medidas hasta hoy. Es por eso por lo que han venido, ¿no es así?

—Así es.

> Früher wurden die Adverbien **adonde** und **a donde** unterschieden. Heutzutage sind beide Formen zulässig, um das „Wohin?" zu beschreiben. Wichtig ist, dass bei einer (indirekten) Frage der Akzent gesetzt wird. Die Präposition **a** wird darüber hinaus nur mit Bewegungsverben gebraucht: **¿Adónde vamos?**

superior *m*	Vorgesetzter
ceder	nachgeben
retirada *f*	Rücknahme vom Markt

Nuevas pruebas

El recepcionista les había avisado de que no podían llevarse ningún documento, pero no dijo nada de hacer fotos **a escondidas**. **Con cuidado** de no llamar la atención, Erice y Rivas fotografiaron con el móvil todas las páginas de la **carpeta**, aún sin saber para qué les podría servir. Se habían dejado llevar por un impulso, una intuición que les decía que ese nombre, C46, **caído del cielo** y sin preguntar, podría solucionarles varias dudas. Entre datos y términos médicos, solo llegaban a **descifrar** que, efectivamente, el fármaco había sido retirado. No explicaba por qué, y tampoco para qué se utilizaba.

—¿Qué hacemos con esto ahora? —preguntó Rivas al salir de los laboratorios.

—Aún no lo sé. Espero que nos lleve a algún lado, porque ningún juez nos aceptará esta prueba.

a escondidas	heimlich
con cuidado	vorsichtig, behutsam
carpeta *f*	Ordner
⚡ como caído del cielo	wie gerufen
descifrar	entziffern
regenerador *m* de células	Zellenregenerator
aplicado	angewendet
cadena *f*	Sender
repercusión *f*	Wirkung
tertulia *f* política	politischer Zirkel
programa *m* del corazón	Klatschprogramm

Una vez en la comisaría, se sentaron frente a los documentos y buscaron cualquier indicio de C46 en la red. No fue fácil hallar una pista, pues no era demasiado conocido y, al parecer, solo tenían acceso a él los hospitales.

—¡Lo tengo! —gritó de pronto Rivas—. C46, fármaco regenerador de células, aplicado a pacientes de cáncer en proceso de recuperación —leyó.
—¿Cáncer? ¿Qué más dice?
—No dice nada más. Es un artículo publicado en una revista médica hace dos años. Por lo que aquí pone es un medicamento novedoso que da muy buenos resultados.
—Y si tan bueno es, ¿por qué dejan de fabricarlo? Llama a la revista e intenta hablar con el autor del artículo.

Ejercicio 9: Completar. **Lesen Sie weiter und ergänzen Sie die vorgegebenen Begriffe!**

palabras | discurso | telediarios | historia | hospital

La inspectora Erice tenía razón, los 1. ______ de todas las cadenas informaron de las 2. ______ de los hermanos Amezcua. Sin importar el canal ni la hora, ahí estaban ellos vestidos de negro y repitiendo palabra por palabra el 3. ______ que horas antes habían practicado en una sala de 4. ______. Su repercusión en informativos, tertulias políticas y programas del corazón, hacía pensar a Erice en el interés que despertaba la 5. ______. Unos movidos por la cuestión económica, y otros por ese atractivo **morboso** que despierta siempre el sufrimiento de una familia rica.

—El tal Jorge Mendizábal ya no trabaja allí. —Rivas consiguió hacer volver a la realidad a la inspectora, totalmente **absorta en** la televisión.

—¡Pues tenemos que encontrarlo! ¡Parece mentira que lo tenga que decir yo todo! —Rivas no le **tuvo en cuenta** este enfado irracional, pues ya se conocían desde hacía años.

—Tranquila, Lara, no me has dejado terminar. Escribe un blog y ya me he puesto en contacto con él. Solo tenemos que esperar a que nos conteste. —Y la miró con una sonrisa **pícara** (i) esperando una disculpa que sabía que no iba a recibir.

> **Pícaro** ist ein vielbenutztes Wort im spanischen Alltag, vor allem wenn es um Frechheiten, Tricks und Gaunerei geht. Der Zusammenhang ergibt sich aus dem Schelmenroman (**novela picaresca**), der ab dem 16. Jh. einen großen Triumphzug in der spanischen Literaturgeschichte feierte.

La respuesta del periodista no llegó esa tarde ni la siguiente. Hicieron falta varios días. Y algunos más para **concertar una cita**, ya que Mendizábal no **estaba** muy **dispuesto a** colaborar, y todavía menos por teléfono. Se sentía **vigilado**, les había dicho. Mucho más desde que el cuerpo de Amez-

morboso *m*	Kranker
absorto en	vertieft in
tener *irr* **en cuenta**	beachten
pícaro	schelmisch
concertar *irr* **una cita**	einen Termin vereinbaren
estar *irr* **dispuesto a**	bereit sein zu
vigilado	überwacht, beobachtet

cua había aparecido colgado en su despacho. No quería hablar con nadie, ni siquiera con la Policía. Tuvieron que prometerle que sería una reunión informal, en un lugar neutral y sin ningún tipo de obligación. Después de mucho discutir, **acordaron** verse en una cafetería de la kale Barria[i].

Die **Kale Barria** ist die baskische Bezeichnung für die **calle Nueva,** die sich in Bilbaos charmanter Altstadt befindet.

—Espero que lo que tiene que contarnos **merezca** todas sus peticiones. —La inspectora Erice decidió **ahorrarse** saludos y **preludios** para ganar así el tiempo perdido.

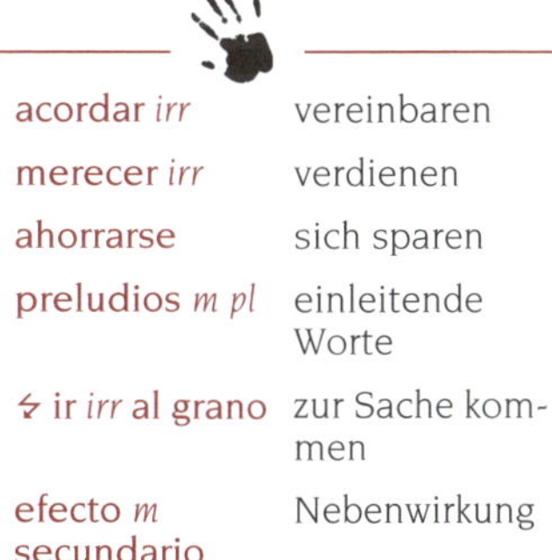

acordar *irr*	vereinbaren
merecer *irr*	verdienen
ahorrarse	sich sparen
preludios *m pl*	einleitende Worte
↯ **ir** *irr* **al grano**	zur Sache kommen
efecto *m* **secundario**	Nebenwirkung

—Buenas tardes a usted también —contestó Mendizábal—. ¿Solo o con leche? —continuó, haciendo como que no la había escuchado.

—Díganos lo que sabe del medicamento y acabaremos pronto —dijo antes de sentarse.

—Ya veo que prefiere **ir al grano**. Está bien —Se sentó correctamente en la silla y, sin haber pedido los cafés, empezó a hablar—. El C46 no es tan bueno como creen.

—No es eso lo que decía en su artículo —afirmó Erice.

—Eso fue hace dos años. Hará[i] cerca de seis meses descubrí que el medicamento tiene unos **efectos secundarios** de los que no habían informado.

—¿Qué efectos?

—El fármaco funcionaba muy bien. Se aplicaba a enfermos que habían

Obwohl der Journalist über eine Handlung vor sechs Monaten erzählt (**hace seis meses**), wird das Verb im **Futuro** gebraucht. Im Fokus steht hier die Vermutung bzw. seine ungenaue Erinnerung (es wird sechs Monate her sein).

superado el cáncer. Ayudaba a la regeneración de las células, que se reproducían más rápido de lo normal, con lo cual la **recuperación** era también mucho más rápida —Mientras hablaba, la camarera se acercó a tomarles nota—. Un día llamaron a la redacción y me dieron un **soplo**. Varios pacientes, teóricamente recuperados, recayeron en la enfermedad y murieron poco tiempo después.

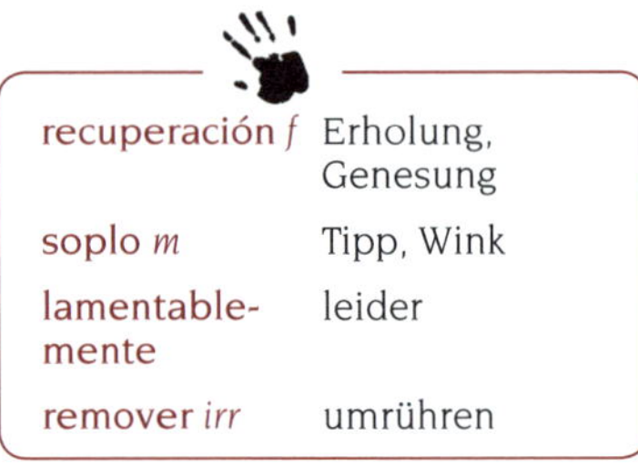

recuperación *f*	Erholung, Genesung
soplo *m*	Tipp, Wink
lamentablemente	leider
remover *irr*	umrühren

—Estamos hablando de cáncer. **Lamentablemente** eso le pasa a mucha gente.

—Todos los pacientes tomaban C46 en el momento de su muerte.

—Eso no prueba nada —repitió Erice mientras **removía** el café sin mirar siquiera al periodista.

Ejercicio 10: En la cafetería. Übersetzen Sie!

1. Ich hätte gern einen Espresso, bitte.

___

2. Könnten Sie mir bitte Zucker mitbringen?

___

3. Entschuldigen Sie, uns fehlt ein Kaffeelöffel.

___

4. Wir möchten gerne zahlen.

___

—Después de aquello seguí investigando. Al menos 35 personas murieron durante el tratamiento y más de cien recayeron en la enfermedad.

—Si está tan seguro de lo que nos cuenta —la inspectora, que se debatía entre el interés y la desconfianza, dejó la cucharilla sobre el plato y continuó diciendo—, ¿por qué no lo publicó en su revista?

—Dos días después de proponerle el tema a mi jefe, me despidieron. Más bien dejaron de contar conmigo como colaborador. En ese momento no lo sabía, pero los Laboratorios Amezcua son patrocinadores directos de la revista.

—Lo que dice es muy grave, ¿tiene pruebas de ello?

—¿Qué más pruebas quieren? La principal es la evidencia de los datos que ya les he dicho. Pregunten en los hospitales, en los historiales médicos tiene que estar toda la información. Y ahora, de pronto, retiran el medicamento. Resulta algo sospechoso, ¿no cree?

—¿Por qué no lo denunció?

—Después de despedirme empecé a recibir anónimos en mi casa. Notaba que me seguían. Al final consiguieron asustarme. Si han leído mi blog, habrán visto (i) que ahora escribo sobre gastronomía y viajes.

tratamiento *m*	Behandlung
debatirse	ringen, schwanken
desconfianza *f*	Misstrauen
proponer *irr*	vorschlagen
colaborador *m*	(Freier) Mitarbeiter
patrocinador *m*	Sponsor
evidencia *f*	Offensichtlichkeit
historial *m* médico	Patientenakte
sospechoso	verdächtig
anónimo *m*	anonymes Schreiben
asustar a alguien	jdn. erschrecken

Das **Futuro II** wird mit dem Hilfsverb **haber** im **Futuro I** + Partizip Perfekt gebildet. Es zeigt an, dass eine Handlung in der Zukunft abgeschlossen sein wird: **En una semana habremos resuelto el caso.** (In einer Woche werden wir den Fall gelöst haben.)

Ejercicio 11: Frases condicionales. **Vervollständigen Sie die Sätze mit den Verbformen im Futuro!**

1. Si les ayudo, tener, yo ______________ problemas.
2. Si van a los hospitales, encontrar, ustedes ______________ información.
3. Si preguntas, conseguir, tú ______________ respuestas.
4. Si tienes pruebas, ir, nosotros ______________ a juicio.

—¿Habló con algún Amezcua durante su investigación? —preguntó Erice.

—No, nunca conseguí llegar hasta ellos. Pero estaban al corriente. Estoy seguro. Intentaron ocultarlo para salvar la empresa.

Una vez a solas, Erice y Rivas aprovecharon para poner en orden sus ideas. Si era verdad lo que les había contado Mendizábal, sería una buena razón para sentir remordimientos y, en caso extremo, para suicidarse. Por lo que les había dicho, esos efectos secundarios eran conocidos por la empresa, pero, de alguna manera, no los consideraron graves y no les dieron importancia.

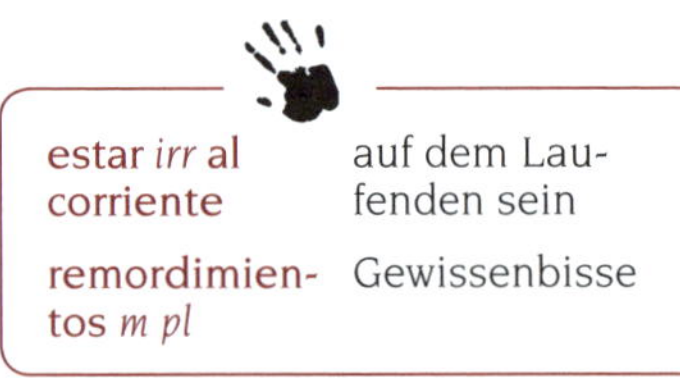

estar *irr* al corriente	auf dem Laufenden sein
remordimientos *m pl*	Gewissenbisse

—Por lo que parece —apuntó Rivas—, Ignacio Amezcua sí le dio importancia.

—Sí, pero no se lo contó a nadie, o eso es lo que nosotros pensamos.

—¿Crees que la recaída del hermano tiene que ver con esto?

—Puede ser. Si el fármaco era tan bueno, lo normal era aplicárselo a él.

—Entonces todo tendría sentido —afirmó Rivas—. Francisco vuelve a enfermar, investiga la causa, descubre la gravedad del asunto e Ignacio Amezcua **se hunde**.

—No puede hablar con la sobrina —continuó la inspectora—, porque lo **culparía** de todo, y se hunde aún más.

—Ningún miembro de la familia lo sabe —Rivas **proseguía** con sus **suposiciones**—. No podía decírselo a nadie porque perdería el **apoyo**. Se quedó solo.

hundirse	sich ruinieren
culpar	beschuldigen
proseguir *irr*	fortsetzen
suposición *f*	Vermutung
apoyo *m*	Unterstützung
solicitar	ersuchen, beantragen
anatómico *m* **forense**	Gerichtsmedizinisches Institut
nada más + *inf*	kaum

La alegría de haber ordenado por fin las piezas del puzle solo les duró unas horas. Sin tiempo de ir al hospital para comprobar los fármacos que se le administraron a Francisco Amezcua, ni de **solicitar** al juez una orden de acceso a toda la documentación, Erice recibió una llamada del **anatómico forense**. La persona al otro lado del teléfono pedía al mismo tiempo discreción y rapidez. Y rápidamente, tal y como le había pedido, el equipo se presentó en el lugar.

—¿Qué ocurre? —preguntó la inspectora **nada más** llegar—. ¿A qué viene tanta intriga?

—Es por el caso Amezcua. He descubierto algo —dijo el forense, bajando la voz y cerrando la puerta de la sala en la que se encontraban.

—No se pidió autopsia del cuerpo, cómo…

Ejercicio 12: Ordenar. Ordnen Sie die Ereignisse chronologisch!

☐ a) Descubren el medicamento C46.

☐ b) Amaia habla con Erice y Rivas a solas.

☐ c) La secretaria encuentra el cadáver de Ignacio Amezcua.

☐ d) Jorge Mendizábal les cuenta sobre los efectos secundarios del fármaco.

☐ e) Los hermanos dan un comunicado de prensa.

—Precisamente —interrumpió—, me puedo meter en un lío si esto se sabe. Pero tenía que hacerlo, había algo raro en ese cuerpo.
—El cadáver fue enterrado hace días. ¿De qué estás hablando? —La inspectora no salía de su asombro—. Alberto, te conozco, dímelo ya. Me estás empezando a asustar.
—Tranquila, el cuerpo sigue en el cementerio. No voy por ahí desenterrando muertos. —Su mirada y sus gestos reflejaban lo inverosímil que le resultaba todo lo que pensaban en ese momento la inspectora y su compañero.
—¿Entonces? Explícate.
—¿No te fijaste en su cara? ¡Parecía dormido! La asfixia es uno de los peores traumas para el cuerpo, y él estaba relajado. Si mueres ahogado tienes (i) más sangre en la

Im erfüllbaren Bedingungssatz steht das Verb im **Si**-Satz im Präsens. Im angeknüpften Hauptsatz folgt das Verb im Präsens oder auch im Futur: **Si mueres ahogado, tienes/ tendrás más sangre en la cabeza.**

cabeza, tienes tensión en los músculos. No había nada de eso en el cuerpo de Amezcua.

—¿Adónde quieres llegar?

—Como el juez no exigió autopsia, solamente tomé unas muestras de saliva, de pelo y de restos en las uñas.

—¿Y? —preguntó intrigada Erice.

—Ignacio Amezcua fue envenenado. Ya estaba muerto cuando lo colgaron del techo.

ϟ meterse en un lío	sich etw. einbrocken
enterrar *irr*	begraben
no salir *irr* de su asombro	aus dem Staunen nicht herauskommen
desenterrar *irr*	ausgraben
inverosímil	unglaubwürdig
muestra *f* de saliva	Speichelprobe
envenenado	vergiftet

Inocente

Envenenado. Este nuevo diagnóstico daba al traste con todas las averiguaciones anteriores. Ya no había culpabilidad, ni secreto, ni soledad. O a lo mejor sí. Pero Ignacio Amezcua no habría sido el único en sentir todo eso. Alguien más debía saberlo y decidió ocultarlo. Pero, ¿quién podía ganar con la muerte de Amezcua si él mismo pretendía guardar el secreto? En cuestión de días el caso volvió a saltar a todas las portadas. Dejó de ser un suicidio para ser un asesinato. El juez ordenó exhumar el cadáver, se realizó una autopsia oficial y, efectivamente, encontraron restos de tóxicos en su cuerpo. Tras el vuelco que había sufrido el caso, todos los testigos pasaron a ser sospechosos. Partían de nuevo de cero, pero con un motivo claro. La trama del C46, estaban seguros, era el centro de todo.

dar *irr* al traste con algo	etw. zunichtemachen
pretender	versuchen
saltar a la portada	es auf die Titelseite schaffen
exhumar	ausgraben
vuelco *m*	Wende
testigo *m/f*	Zeuge, Zeugin
asimiliar	akzeptieren
enfrentarse	sich auseinandersetzen

La familia fue la primera sorprendida por el asunto, pues si ya les[i] había costado asimilar un suicidio, mucho más les costaba ahora que se enfrentaban a un asesinato. La segunda gran sorpresa fue el nom-

Das Pronomen **les** (statt: **le**) bezieht sich auf die Familie. Hier ist der Plural erlaubt, um auf die Familienmitglieder einzugehen.

bre del medicamento, que ninguno de ellos había escuchado antes, tampoco cuando desde la clínica les confirmaron que, efectivamente, Francisco Amezcua había estado tomándolo durante meses. Desde el antiguo despacho de su tío, los tres hermanos discutían con la Policía sobre enemigos, razones y miles de supuestos más que ni siquiera se les habían pasado por la cabeza.

supuesto *m*	Mutmaßung
desesperado	verzweifelt
suponer *irr*	vermuten
recetar	verschreiben
sinceramente	ehrlich (gesagt)

—¿Qué más quieren saber? —preguntó Xabier desesperado—. Llevamos horas aquí. Queremos irnos a casa, por favor.

—Les hemos dicho todo lo que sabemos —añadió Amaia—.

—A ver, centrémonos —La inspectora Erice se levantó y se puso de pie frente a ellos—. El C46 —hizo una pausa mirándolos a los ojos—, no me pueden decir que no lo conocían porque hemos encontrado incluso artículos de prensa sobre él.

—Como ya le he dicho, alguna vez lo escucharíamos, supongo —insistió Mikel—, pero como un medicamento de tantos. ¿Sabe usted la de fármacos que tenemos en el laboratorio? ¡Miles!

—Vuestro padre lo estaba tomando, ¿me vais a decir que no lo sabíais? —volvió a preguntar la inspectora.

—Ya le hemos dicho que no. No les pregunto a los médicos todo lo que le recetan a mi padre. Sinceramente, y perdone que lo diga de este modo, estoy demasiado ocupado. Me basta con saber que está estable.

—Ocupado en los laboratorios, supongo.

—¿Dónde si no[i]?

Si no - getrennt geschrieben - leitet einen Konditionalsatz ein: **Si no estoy ocupado en los laboratorios, ¿dónde voy a estarlo? Sino** ist dagegen eine Konjuktion und wird verwendet, um eine vorherige Aussage zu widerlegen bzw. zu korrigieren: **La inspectora no trabaja en los laboratorios, sino en la comisaría.**

Ejercicio 13: Pronombres. Ersetzen Sie die unterstrichenen Objekte durch das jeweils passende Dativ- oder Akkusativpronomen!

1. La inspectora miró a los tres hermanos.

____

2. Mikel está escuchando a su hermana.

____

3. Díganme toda la información que tengan sobre el C46.

____

4. Amaia y sus hermanos no conocen el medicamento.

____

—Su tío sabía que ese medicamento estaba dando problemas, por eso mandó retirarlo. No sabemos cuándo lo descubrió ni cuánto tiempo pretendía ocultarlo…

—Eso no está confirmado —interrumpió Amaia, que aún creía en la inocencia de su tío.

—… pero alguien más en la empresa debía de saberlo también —continuó la inspectora, sin prestar demasiada atención al paréntesis—. Murió justo un día después de dar la orden. No puede ser casualidad. ¿Quién, aparte de ustedes, tiene acceso a la información reservada?

—¿Algún socio, quizá? —indicó Xabier.

—Es posible —añadió Mikel.

Los interrogatorios continuaron los días siguientes en comisaría. Los diferentes socios fueron pasando uno a uno ante la inspectora Erice, que al tercer día ya estaba cansada de recibir siempre las mismas respuestas: "No conocía el medicamento", "Yo solo soy socio capitalista", "Ese tipo de gestiones las llevaba Ignacio en persona", "No conocía el medicamento"... y vuelta a empezar. Uno tras otro desviaban el problema hacia un blanco fácil, y en este caso muerto, que difícilmente les iba a contradecir. Erice casi perdía los nervios cada vez que escuchaba de nuevo la misma cantinela: "Pensaría en lo mejor para los laboratorios", "Siempre fue un gran empresario, seguro que tenía una buena excusa para esto". Y con cada nueva excusa, la rabia le subía por el estómago hasta alcanzarle el cuello. "No era propio de él"... Sin esperarla, esta frase rompió con todas las demás. Era una respuesta sencilla, pero con mucha información para la inspectora.

mandar	befehlen
paréntesis *m*	*hier*: Einwand
casualidad *f*	Zufall
aparte de	abgesehen von
socio *m*	Gesellschafter
interrogatorio *m*	Verhör
escudarse	beschützen
desviar	umgehen, abschwenken
contradecir *irr*	widersprechen
ϟ la misma cantinela	immer die alte Leier
alcanzar	erreichen
pasar por alto	übergehen, ignorieren

Die Konjunktion **que** am Satzanfang weist auf einen verkürzten Nebensatz hin. Das Gesagte wird nochmals aufgegriffen, aber den Hauptsatz (z. B. **He dicho**) spart man sich gelegentlich in der Alltagssprache.

—¿Cómo dice? —repreguntó la inspectora rápidamente.

—Que[i] él no era ese tipo de persona. No sé en qué momento descubrió esos efectos secundarios de los que hablan, pero seguro que pasarlo por alto no entraba en sus planes.

—Es usted un socio relativamente joven, señor...

—Gálvez.

—Señor Gálvez, sí. ¿Diría usted que lo conocía hasta ese punto?

honrado	ehrlich
adicto al trabajo	arbeitswütig
declaración *f*	Aussage
creer *irr* ciegamente en alguien	jdm. blind vertrauen
enriquecerse *irr*	sich bereichern
a costa de	auf jds. Kosten
sicario *m*	Auftragsmörder
ganancia *f*	Profit
perjudicado	geschädigt

—Heredé las acciones de mi padre hace unos años, pero conocía a Ignacio Amezcua desde niño. Mi padre y él trabajaron juntos toda la vida —explicó—. Y le puedo asegurar que he conocido pocos hombres con más ética profesional que él.

—Lo dice convencido —afirmó Erice.

—Ignacio era un hombre honrado. Rico, arrogante, adicto al trabajo, todo es poco y todo es cierto. Pero era honrado, eso nadie lo puede negar.

La declaración del último socio les había hecho pensar. Ahora veían a Amezcua con otros ojos: con los ojos de Amaia, que creía en él ciegamente. Quizá la razón la tenían ella y Gálvez, los únicos que veían a Amezcua incapaz de enriquecerse a costa de la salud de otros.

—¿Y si todos mienten? —dijo de pronto Rivas.

—¿A qué te refieres? —preguntó Erice, intrigada.

—Todos los socios menos Gálvez dicen que no habían oído hablar del C46. ¿No te parece raro?

Das **Imperfecto** benutzt man anstelle des **Condicional** z. B. in Konditionalsätzen, die eine Hypothese aufwerfen: **Si tomó una decisión, muchas personas salían/saldrían perjudicadas.** Es wird deshalb teilweise als **Pretérito Imperfecto Hipotético** bezeichnet. Bekannter ist die Verwendung des **Imperfecto** im höflichen Kontext: **Quería/Querría pedirle un favor.**

Ejercicio 14: Estilo indirecto. **Formulieren Sie die Sätze in der indirekten Rede!**

1. ¿Conocía usted bien al señor Amezcua?

La inspectora pregunta ______________________________

____

2. ¡Cuénteme todo lo que sabe!

Erice le pide ______________________________

____

3. ¿A qué hora terminaremos?

Gálvez pregunta a Erice ______________________________

____

4. Pide una cita con el juez.

La inspectora le dice a Rivas ______________________________

____

—Sí, sobre todo teniendo en cuenta la importancia que sabemos que tiene. Pero si todos lo sabían, ¿qué debemos pensar que ocurrió? ¿Que lo mataron entre todos?
—A lo mejor contrataron un sicario. Dinero no les falta.
—A estas alturas me parece posible casi cualquier cosa. Si tomó una decisión en contra de las ganancias de la empresa, muchas personas salían (i) perjudicadas.
—Y seguimos sin encontrar nada en su ordenador —continuó.

—Pide a los de informática que analicen los archivos borrados del disco duro.

Ejercicio 15: ¿Imperfecto o indefinido? Lesen Sie weiter und ergänzen Sie die richtige Verbform!

Casi tan temprano como cuando le **1.** llevar ______________ los periódicos a Ignacio Amezcua, su secretaria **2.** cruzar ______________ la puerta de la comisaría. **3.** Traer ______________ un sobre en la mano y **4.** negarse ______________ a hablar con todos a excepción de la inspectora. No **5.** aceptar ______________ café ni té. **6.** Esperar ______________ sentada en el pasillo, sin soltar en ningún momento el sobre, hasta que Erice **7.** llegar ______________ por fin.

—Usted dirá. Mis compañeros me han dicho que era urgente —dijo sentándose en su mesa e invitándola a ella a tomar asiento.

—Esta mañana he entrado en el despacho del señor Amezcua a recoger sus cosas. Aún no han decidido quién va a ocupar su lugar, pero todo tiene que estar listo cuanto antes —aclaró apretando aún más el sobre que todavía tenía en las manos—. Pensaba empezar por la mesa, pero, no sé por qué, me he fijado en unas carpetas de la estantería. Y al sacarlas de allí, este sobre —dijo mostrándolo en alto— ha caído al suelo.

—¿Qué hay dentro?
—Léalo usted misma. Es un comunicado de prensa con fecha del día antes de su muerte.

En pocas palabras, pero todas perfectamente **escogidas**, Ignacio Amezcua reconocía abiertamente las consecuencias que causaba el fármaco C46. Aseguraba que ignoraba por completo tales efectos y que había tomado medidas con la mayor rapidez posible. **Anunciaba** la inmediata retirada del medicamento y prometía **compensaciones** a todos los perjudicados. Firmaba personalmente la carta y pedía perdón por un mal irreparable.
—Esta carta prueba que tenía intención de hacer público todo el asunto —comentó la inspectora a su compañero.
—Quien lo mató deseaba mantener la **reputación** de la empresa.
—Debió de ser alguien con intereses económicos. Uno de los socios, o todos, algún inversor.
—¿Una **venganza**? Un familiar de uno de los afectados, tal vez.
—Veamos lo que han encontrado los informáticos. A lo mejor ahí hallamos respuestas.
Recibieron un **pendrive** con miles de documentos borrados en los últimos años. Por supuesto, nada relacionado con el C46. Demasiado fácil. Redujeron la búsqueda a los últimos seis meses, pero la cuenta todavía superaba las cuatro cifras. Cinco meses, seguía siendo excesivo. Lo mismo con cuatro y con tres. Con dos meses ya podían **manejar** los datos y en eso se

borrado	gelöscht
disco *m* duro	Festplatte
sobre *m*	Umschlag
a excepción de	außer
cuanto antes	so schnell wie möglich
apretar *irr*	drücken
fijarse en algo	sich etw. anschauen
escogido	ausgewählt
anunciar	ankündigen
compensación *f*	*hier*: Ausgleichszahlung
reputación *f*	Ansehen, Ruf
venganza *f*	Rache
pendrive *m*	USB-Stick
manejar	*hier*: verarbeiten

centraron. Buscaban cualquier irregularidad. **Distinguían** los documentos entre archivos propios y comunicaciones vía *email* con la intención de dividir aún más la cantidad enorme de material que tenían para **revisar**.

—Tengo varios correos con un medicamento nuevo —señaló Erice sin apartar la vista de su ordenador—. Este se llama GleXa, ¿te suena?

distinguir	unterscheiden
revisar	überprüfen
pantalla *f*	Bildschirm
en clave	verschlüsselt
alejado	entfernt
⚡ a tres bandas	zu dritt, unter drei Leuten
orden *f* de detención	Haftbefehl

—No, pero puedo buscar en su página web —contestó Rivas—. ¿Glexa? ¿Escrito con equis?

—Sí, exacto. ¿Te aparece?

—No está entre sus productos.

—Déjame que lea —la inspectora centró la vista en la **pantalla**—. Amezcua habla de retirarlo del mercado y la persona con la que se escribe le pide que no lo haga. Hay varios emails sobre esto.

—¿Retirarlo también? ¿Otro más?

—Escriben sobre la empresa, las consecuencias económicas, pero Amezcua parece enfadado y solo habla de las víctimas. Todo se repite —indicó mientras levantaba la vista hacia su compañero.

—Es como si…

—¡GleXa y C46 son el mismo producto! ¡Están hablando **en clave**!

—¿Estás segura? —preguntó entre dudas Rivas.

—Fíjate: consecuencias, víctimas… efectos secundarios, ¡aquí lo tienes! Amezcua convencido de hacerlo público y esta otra persona insiste en hacerle cambiar de opinión.

—¿Quién escribe?

—Solo hay una inicial: M —afirmó Erice al tiempo que volvía a revisar los escritos—. No, aquí hay una X. Son correos **a tres bandas**. La dirección es mmarquez y xmarquez.

Ejercicio 16: Completar. **Vervollständigen Sie die Sätze!**

1. Ignacio Amezcua fue ________________.
2. Según Gálvez, Amezcua era un hombre ________________.
3. En el interior del sobre hay un ________________.
4. Rivas cree que los socios tienen dinero suficiente para contratar a un ________________.
5. La carta indica que Amezcua quería ________________ la noticia.

—¿Márquez? ¿Ese no es el apellido de la cuñada?
—¡Mikel y Xabier! Son ellos. Han utilizado su segundo apellido[i].
—¿Ellos? —reflexionó Rivas—. Definitivamente —continuó después de unos segundos—. Bien pensado, eran los que más perdían con la noticia. La empresa es suya ahora, y se iba a hundir.

Spanien steht in der Tradition der Doppelnamen. Auf den Familiennamen des Vaters folgt der der Mutter. Seit Juli 2017 gilt diese Regelung als „reformiert": Eltern entscheiden nun bis drei Tage nach der Geburt ihres Kindes, welcher Name zuerst geführt wird. Der mit Abstand verbreitetste Familienname in Spanien ist übrigens **García**.

Cuando la Policía se presentó en la Torre Amezcua, Mikel se estaba instalando en su nuevo despacho. Miraba a través de los cristales y veía Bilbao a sus pies. Por la orientación de las ventanas no vio venir los coches. Se encontró de pronto con los agentes en su puerta con una **orden de detención** y, sin tiempo de reaccionar, se lo llevaron **esposado**. Esa noche los telediarios abrieron la edición con el arresto de los hermanos Amezcua, y las tertulias políticas y los programas del corazón tuvieron material suficiente para los próximos meses.

esposado — in Handschellen

Test final

Soluciones

Glosario

Tabla de ejercicios

Test final

Ejercicio 1: Profesiones. Finden Sie sieben Berufe in der Wortschlange!

Ejercicio 2: Oveja negra. Welches Wort passt nicht in die Reihe? Unterstreichen Sie!

1. club equipo fútbol federación
2. poco tampoco escaso limitado
3. pronto anteayer en breve futuro
4. detectar simular pretender fingir
5. entrevista fuente relato célula
6. frenar conducir rellenar acelerar
7. gimnasia periodismo ciclismo atletismo

Ejercicio 3: ¿Verdadero o falso? Welche Aussagen sind richtig? Kreuzen Sie an!

1. Andrés trabaja de enfermero en el hospital Gregorio Marañón. ❐
2. Héctor y Andrés son buenos amigos. ❐
3. Los problemas empiezan con un diagnóstico equivocado. ❐
4. Clara se hace amiga de Héctor para investigar el caso. ❐
5. Héctor muere en un accidente de tráfico. ❐

Ejercicio 4: Sustantivos. Schreiben Sie die Substantive zu folgenden Verben! Vergessen Sie den Artikel nicht!

1. correr ____________________
2. analizar ____________________
3. mostrar ____________________
4. engañar ____________________
5. investigar ____________________
6. suponer ____________________
7. confiar ____________________
8. recordar ____________________

Ejercicio 5: Sopa de letras. Finden Sie im Gitternetz sieben Waffen für eine Schlägerei und ordnen Sie sie dem passenden Geschlecht zu!

A	C	O	N	D	O	L	I	S	T
P	U	Ñ	A	L	R	U	M	N	E
E	C	U	V	L	O	C	E	R	Z
C	H	M	A	C	H	E	T	E	N
Q	I	T	J	U	O	S	A	L	T
T	L	P	A	L	O	T	H	X	K
D	L	E	G	U	I	A	F	R	U
Z	O	R	R	Q	U	C	Ñ	P	E
E	P	I	E	D	R	A	S	R	O

masculino

____

____

____

____

femenino

____

____

____

Ejercicio 6: ¿Imperfecto o indefinido? Ergänzen Sie die richtige Verbform!

El sargento Torres 1. examinar ________________ la situación nada más llegar al lugar de los hechos. La alarma les 2. llegar

_______________ demasiado tarde. Solo **3.** encontrar _______________ cuerpos inertes a su llegada, pues nadie **4.** alertar _______________ a la Guardia Civil a tiempo de evitar la masacre. El pueblo **5.** estar _______________ desierto. A finales de octubre, el frío aún no había llegado a Jaén. El calor, sin embargo, ya no **6.** ser _______________ tan asfixiante como en los meses anteriores. A pesar de eso, **7.** ser _______________ raro encontrar movimiento antes de las cinco de la tarde. Los primeros agentes **8.** presentarse _______________ pasadas las cuatro y media y **9.** ser _______________ pocos los curiosos que **10.** acercarse _______________ por allí.

Ejercicio 7: Los gitanos. Unterstreichen Sie die richtige Option!

1. Los gitanos trabajan como jardineros / jornaleros.
2. Las familias gitanas trabajan por dos duros / dos euros.
3. Se se vengan / se burlan de los dueños de los olivares.
4. La cultura gitana es una muy tradicional / individualista.

Ejercicio 8: Sintaxis. Bilden Sie sinnvolle Sätze!

1. aparece Un pueblo afueras las cuerpo a del

___

2. no Fernando agricultor era Herrera

___

3. en olivas Las otoño recogen se

___

4. muy gitanos para son Las importantes tradiciones los

___

Ejercicio 9: Respuestas. Beantworten Sie die Fragen!

1. ¿Gracias a qué árboles es famosa Jaén?

___

2. ¿Qué relación tiene David Gómez con la familia Heredia?

___

3. ¿Quiénes podrán testificar sobre lo que ocurrió en la pelea?

___

Ejercicio 10: Idiomas. Welche Sprachen spricht man in diesen Städten? Kreuzen Sie an! (max. zwei Kreuze)

	español	euskera	catalán	gallego
1. Barcelona	❐	❐	❐	❐
2. Madrid	❐	❐	❐	❐
3. La Coruña	❐	❐	❐	❐
4. Bilbao	❐	❐	❐	❐
5. Sevilla	❐	❐	❐	❐

Ejercicio 11: Preposiciones. Ergänzen Sie die richtigen Präpositionen!

desde | en (2x) | por (2x) | para | a | de (4x)

Ignacio Amezcua, Iñaki **1.** ______ los amigos, nunca dejó **2.** ______ mirar **3.** ______ arriba. Quizás **4.** ______ eso decidió ahorcarse y quedar suspendido **5.** ______ la lámpara **6.** ______ techo **7.** ______ saltar **8.** ______ la ventana **9.** ______ vistas panorámicas. La voz de alarma la dio su secretaria, la primera **10.** ______ llegar cada día y prácticamente la última **11.** ______ irse cada noche.

Ejercicio 12: ¿De quién se trata? Welche Figur wird hier beschrieben? Ergänzen Sie den Namen!

1. La menor de la familia Amezcua: ______________________
2. Periodista especializado: ______________________________
3. Hermano de la víctima: ________________________________
4. Encuentra el comunicado de prensa: ___________________
5. Responsable del caso: _________________________________
6. Compañero del responsable del caso: __________________

Ejercicio 13: Palabra escondida. Übersetzen Sie und enträtseln Sie das Lösungswort!

1. baskisch □ _ _ _ _
2. Mord _ _ □ _ _ _ _ _ _
3. Medikament _ _ _ _ _ _ _ _ □ _ _
4. Ruf, Ansehen _ □ _ _ _ _ _ _ _ _
5. Krankheit _ □ _ _ _ _ _ _ _ _
6. Selbstmord _ _ _ _ _ _ _ □

Lösung: □□□□□□

Soluciones

Recuerdos en rojo

Ejercicio 1: **1.** hacía **2.** se tintaba **3.** iban **4.** notaba **5.** sacaba **6.** Se resistía **7.** rondaba **8.** hacía **9.** sabía

Ejercicio 2: **1.** sillín **2.** rueda **3.** pedal **4.** freno **5.** marchas

Ejercicio 3: **1.** falso (Héctor trabaja en la planta de preoperatorios.) **2.** verdadero **3.** falso (Andrés tiene problemas con las pruebas antidopaje.) **4.** verdadero **5.** verdadero

Ejercicio 4: **1.** fútbol **2.** pelota **3.** tenis **4.** hockey sobre hielo **5.** golf

Ejercicio 5: **horizonales:** cortar, peinar

verticales: secar, tintar, lavar

Ejercicio 6: **1.** puntual **2.** cita **3.** amigos **4.** último **5.** hermana **6.** abuelo

Ejercicio 7: **1.** traería **2.** abriría **3.** acercaría **4.** introduciría **5.** cambiaría **6.** haría

Ejercicio 8: **1.** c **2.** b **3.** e **4.** a **5.** d

Ejercicio 9: **1.** se preocupó **2.** era **3.** Tuvo **4.** recibió **5.** quedaba **6.** consiguió

Ejercicio 10: **1.** el titular **2.** el periódico **3.** la portada **4.** la rueda de prensa **5.** la fuente

Ejercicio 11: **1.** hagas **2.** conozcamos **3.** vayáis **4.** coja **5.** sea

Ejercicio 12: **1.** Julio Hidalgo **2.** Andrés **3.** Carmen **4.** Clara Abad **5.** Héctor

Ejercicio 13: **1.** f **2.** b **3.** a **4.** d **5.** c **6.** e **7.** g

Ejercicio 14: **1.** pie **2.** pipeta **3.** mano **4.** infarto **5.** historia **6.** pruebas

Ejercicio 15: **1.** Estás **2.** están **3.** era **4.** estaba **5.** es

Ejercicio 16: **1.** Está nervioso porque no espera que nadie entre en el laboratorio. **2.** Ella ve una pipeta vacía de uno de los gimnastas. **3.** Quiere grabar con el móvil cómo el enfermero rellena el tubo de sangre. **4.** El móvil resbala y se cae, él escucha un ruido y ve la sombra de la periodista escondida detrás de la cajonera.

Sin testigos

Ejercicio 1: **1.** puño **2.** sangre **3.** rizado **4.** vecino

Ejercicio 2: **1.** lucha **2.** ataque **3.** lesión **4.** fallecido **5.** costado

Ejercicio 3: **1.** novios **2.** jóvenes **3.** familias **4.** churumbeles **5.** matrimonio

Ejercicio 4: **1.** falso (El patriarca era su padre.) **2.** verdadero **3.** falso (Nadie quiere hablar del tema.) **4.** falso (No tiene heridas visibles.) **5.** verdadero

Ejercicio 5: **1.** aquí **2.** algún **3.** estar aquí **4.** entremos **5.** perdida

Ejercicio 6: **1.** tonto **2.** estúpido **3.** malnacido **4.** idiota **5.** imbécil

Ejercicio 7: **horizonales: 1.** viuda **2.** flores **3.** entierro **4.** tristeza **5.** negro

verticales: 1. velatorio

Ejercicio 8: **1.** Porque era habitual en él desaparecer a menudo. **2.** La familia es conocida por sus plantaciones de olivos. **3.** Alguna vez los Gómez trabajaron para los Heredia. **4.** Se llaman "temporeros".

Ejercicio 9: **1.** el melocotón **2.** el limón **3.** la oliva **4.** la nuez **5.** la mora **6.** la pera

Ejercicio 10: **1.** le **2.** Las **3.** lo **4.** las **5.** le **6.** lo

Ejercicio 11: **1.** c **2.** e **3.** b **4.** a **5.** d

Ejercicio 12: **1.** verdadero **2.** falso (No seguía sus consejos.) **3.** verdadero **4.** verdadero **5.** falso (Rafael y Gracia se conocieron cuando él era muy joven.)

Ejercicio 13: **1.** salgáis **2.** pienses **3.** se disculpe **4.** haga **5.** creamos

Ejercicio 14: **1.** de **2.** con **3.** de **4.** sin **5.** a **6.** para **7.** por **8.** en **9.** a

Ejercicio 15: **1.** falso (Un hombre mayor es una persona de avanzada edad.) **2.** correcto **3.** falso (Se dice "el policía" y "la policía".) **4.** falso (Son sinónimos.) **5.** correcto **6.** falso (El cerezo da cerezas.)

Lösung: gitano

Ejercicio 16: **1.** Ángel Gómez **2.** la agente Dávila **3.** José Heredia **4.** la nieta de José Heredia **5.** Lorenzo Gómez (padre de David Gómez)

Suicidio en Bilbao

Ejercicio 1: **1.** falso (El museo más famoso es el Guggenheim.) **2.** verdadero **3.** verdadero **4.** verdadero **5.** falso (Bilbao es la capital de Vizcaya.)

Ejercicio 2: **1.** Se subió **2.** ató **3.** empujó **4.** pudo **5.** escuché

Ejercicio 3: **1.** hermano **2.** hermana **3.** suegra **4.** sobrinos **5.** nietos

Ejercicio 4: **1.** acuéstate/no te acuestes **2.** venid/no vengáis **3.** conduzca/no conduzca **4.** enfádate/no te enfades **5.** pidan/no pidan

Ejercicio 5: **1.** fármaco **2.** jarabe **3.** inyección **4.** cáncer **5.** tos
Lösung: boticario

Ejercicio 6: **1.** es **2.** guste **3.** sea **4.** estamos **5.** agradecemos **6.** queráis **7.** tengan

Ejercicio 7: **1.** imitador **2.** maletín **3.** delgado **4.** robusto **5.** respetuoso

Ejercicio 8: **1.** a **2.** b **3.** b **4.** a **5.** b

Ejercicio 9: **1.** telediarios **2.** palabras **3.** discurso **4.** hospital **5.** historia

Ejercicio 10: **1.** Quería un café solo, por favor. **2.** Por favor, ¿me podría traer el azúcar? **3.** Perdone, nos falta una cucharilla. **4.** La cuenta, por favor.

Ejercicio 11: **1.** tendré **2.** encontrarán **3.** conseguirás **4.** iremos

Ejercicio 12: **1.** c **2.** b **3.** e **4.** a **5.** d

Ejercicio 13: **1.** La inspectora los miró. **2.** Mikel la está escuchando./Mikel está escuchándola. **3.** Díganmela. **4.** Amaia y sus hermanos no lo conocen.

Ejercicio 14: **1.** La inspectora pregunta si conocía bien al señor Amezcua. **2.** Erice le pide que le cuente todo lo que sabe. **3.** Gálvez pregunta a Erice a qué hora terminarán. **4.** La inspectora le dice a Rivas que pida una cita con el juez.

Ejercicio 15: **1.** llevaba **2.** cruzó **3.** Traía **4.** se negó **5.** aceptó **6.** Esperó **7.** llegó

Ejercicio 16: **1.** envenenado **2.** honrado **3.** comunicado de prensa **4.** sicario **5.** publicar

Test final

Ejercicio 1: ciclista, enfermero, peluquera, médico, policía, taxista, periodista

Ejercicio 2: **1.** fútbol **2.** tampoco **3.** anteayer **4.** detectar **5.** célula **6.** rellenar **7.** periodismo

Ejercicio 3: **1.** falso (Andrés es ciclista.) **2.** verdadero **3.** verdadero **4.** falso (Clara y Héctor no se conocen.) **5.** falso (Héctor no es la víctima en el accidente de tráfico.)

Ejercicio 4: **1.** la carrera **2.** el análisis **3.** la muestra **4.** el engaño **5.** la investigación **6.** el supuesto **7.** la confianza **8.** el recuerdo

Ejercicio 5: **masculino:** puñal, machete, palo, cuchillo

femenino: piedra, navaja, estaca

Ejercicio 6: **1.** examinó **2.** llegó **3.** encontró **4.** alertó **5.** estaba **6.** era **7.** era **8.** se presentaron **9.** fueron **10.** se acercaron

Ejercicio 7: **1.** jornaleros **2.** dos duros **3.** se vengan **4.** tradicional

Ejercicio 8: **1.** Un cuerpo aparece a las afueras del pueblo. **2.** Fernando Herrera no era agricultor. **3.** Las olivas se recogen en otoño. **4.** Las tradiciones son muy importantes para los gitanos.

Ejercicio 9: **1.** Jaén es famosa por los olivos. **2.** Es el dueño de las tierras en las que trabaja la familia Heredia. **3.** Los nietos pequeños de Antonio Heredia son los únicos testigos.

Ejercicio 10: **1.** catalán y español **2.** español **3.** gallego y español **4.** euskera y español **5.** español

Ejercicio 11: **1.** para **2.** de **3.** desde **4.** por **5.** de **6.** de **7.** a **8.** por **9.** de **10.** en **11.** en

Ejercicio 12: **1.** Amaia **2.** Jorge Mendizábal **3.** Francisco Amezcua **3.** la secretaria de Ignacio Amezcua **5.** la inspectora Erice **5.** David Rivas

Ejercicio 13: **1.** vasco **2.** asesinato **3.** medicamento **4.** reputación **5.** enfermedad **6.** suicidio

Lösung: veneno

Glosario

↯ = umgangssprachlich
f = feminin
m = maskulin
pl = Plural
irr = unregelmäßiges Verb
inf = Infinitiv

a conciencia	bewusst
a costa de	auf jds. Kosten
a escondidas	heimlich
a excepción de	außer
a la redonda	im Umkreis
a las afueras	in der Umgebung
a lo largo de	im Laufe von, während
a no ser que	es sei denn, dass
a palos	durch Prügel
a pesar de	trotz
↯ a remolque de	in jds. Schlepptau
↯ a tres bandas	zu dritt, unter drei Leuten
abandonar	verlassen
absorto en	vertieft in
acabar de + *inf*	soeben etw. getan haben
acceder	hineingelangen
acceso *m* restringido	beschränkter Zutritt
acelerador *m*	Gaspedal
acelerar	Gas geben, beschleunigen
aclaratorio	erklärend

acompañar a alguien en el sentimiento	jdm. sein Beileid ausdrücken
acordar *irr*	vereinbaren
acudir a	hingehen
adelantar	*hier*: zuvorkommen
adentrarse	hineingehen
adicto al trabajo	arbeitswütig
admirar	bewundern
advertir *irr*	(be)merken; raten
afectado	betroffen
afectar	betreffen
agarrar	ergreifen
agazapado	versteckt
agolparse	sich drängen
aguantar	aushalten, ertragen
aguardar	erwarten
ahorcarse	sich erhängen
ahorrarse	sich sparen
aislado	einzeln, vereinzelt, abgelegen
al azar	aufs Geratewohl
al fondo	am Ende
alboroto *m*	Aufsehen
alcanzar	erreichen
alejado	entfernt
alquiler *m*	Miete
alrededores *m pl*	Umgebung
alterar(se)	sich aufregen, in Unruhe versetzen
alternar	(aus)wechseln
amante *m/f*	Liebhaber(in)
amenaza *f*	Drohung
amenazante	drohend
amenazar	drohen
anatómico *m* forense	Gerichtsmedizinisches Institut
anónimo *m*	anonymes Schreiben
ansioso	unruhig, gespannt
anunciar	ankündigen
apagado	niedergeschlagen

apaleado	erschlagen
apalear	verprügeln
apañarse	zurechtkommen
apartar	verdrängen
aparte de	abgesehen von
ápice *m*	Fünkchen
aplicado	angewendet
apoyo *m*	Unterstützung
apretar *irr*	drücken
aprieto *m*	Bedrängnis, Klemme
apropiarse	sich zu eigen machen
apuesta *f*	Wette
arrancar	anfangen, loslegen
arrancarse en	*hier*: sich hineinsteigern in
arrastrar	nach sich ziehen
(arre)juntar	versammeln
arrepentirse *irr*	bereuen
arrollar	überfahren
ascensor *m*	Aufzug
asfixia *f*	Ersticken
asfixiante	stickig
asimiliar	akzeptieren
asomar	hinstrecken
asombro *m*	Staunen
asumir	*hier*: erreichen
asustado	erschrocken, verängstigt
asustar a alguien	jdn. erschrecken
atar	festbinden
atormentar	quälen
atraer *irr*	anziehen, für sich gewinnen
atrapado	*hier*: festsitzend
atreverse	sich trauen
audaz	kühn
ausencia *f*	Abwesenheit
avance *m*	Fortschritt
averiguar	ermitteln, herausfinden
baja *f*	Krankentag

bancal *m*	Feld
bandeja *f*	Tablett
barra *f*	Tresen
bastón *m*	Stock
bata *f*	Arztkittel
batalla *f* campal	Feldschlacht
borrado	gelöscht
borrar	löschen
boticario *m*	Apotheker
breve *m*	Kurzmeldung
bromear	scherzen
butaca *f*	Lehnstuhl
cabezota *f*	Dickkopf
cadena *f*	Sender
cadera *f*	Hüfte
ϟ cagar	versauen
ϟ calentar la cabeza	nerven, in den Ohren liegen
campeonato *m*	Meisterschaft
cáncer *m*	Krebs
cantera *f*	*hier*: Kaderschmiede
caña *f*	kleines Bier
capataz *m*	Vorarbeiter
cargo *m*	Amt
carpeta *f*	Mappe, Ordner
carrera *f* de fondo	*hier*: Durststrecke, zäher Werdegang
cartel *m*	Schild
casualidad *f*	Zufall
ceder	nachgeben, überlassen
celador *m*	Aufseher
celda *f*	Gefängniszelle
celos *m pl*	Eifersucht
célula *f* cancerígena	Krebszelle
cerradura *f*	Schloss
chaval *m*	Junge, Bursche
chequeo *m*	Untersuchung
chiquillo *m*	(kleines) Kind
chocarse	kollidieren, zusammenstoßen

chupete *m*	Schnuller
cierre *m*	*hier*: Redaktionsschluss
clave *f*	Schlüssel
cobrar	verdienen
ϟ coger en un renuncio	Lügen strafen
colaborador *m*	(Freier) Mitarbeiter
colgar *irr*	aufhängen, erhängen
colocarse	*hier*: Anstellung finden; sich hinstellen
comerciante *m*	Geschäftsmann
ϟ como caído del cielo	wie gerufen
¿Cómo se atreve?	Wie können Sie es wagen?
compensación *f*	*hier*: Ausgleichszahlung
compungido	bedrückt
comunicado *m*	Stellungnahme
con cuidado	vorsichtig, behutsam
conceder una entrevista	ein Interview geben
concertar *irr* una cita	einen Termin vereinbaren
condición *f* laboral	Arbeitsbedingung
condolencia *f*	Beileidsbekundung
confianza *f*	Vertrauen
confidencialidad *f*	Vertraulichkeit
confidente *m/f*	Vertraute(r)
confirmar	bestätigen
confundir	verwechseln
confundirse	sich täuschen
conmoción *f*	Erschütterung
conservar	aufbewahren
considerablemente	beträchtlich
consolar *irr*	trösten
consuegros *m pl*	Eltern des Schwiegersohnes/ der Schwiegertochter
contradecir *irr*	widersprechen
contratiempo *m*	Zwischenfall
convencer *irr*	überzeugen
convertirse *irr* en	werden zu
ϟ correr la misma suerte	das gleiche Schicksal ereilen

cosecha *f*	Ernte
costado *m*	Seite
cotillear	tratschen
creer *irr* ciegamente en alguien	jdm. blind vertrauen
crespón *m*	Trauerflor
cruzarse	sich begegnen
cuadro *m* de honor	*hier*: Rangliste der Besten
cuanto antes	so schnell wie möglich
cuartel *m*	Quartier
cubrir	*hier*: besetzen, übernehmen
cuchichear	tuscheln
cuchillada *f*	Messerstich
cuenta *f* pendiente	offene Rechnung
culpable *m/f*	Schuldige(r)
culpar	beschuldigen
cuña *f*	Keil
curiosear	herumschnüffeln
dado	angesichts
dantesco	entsetzlich, dantesk
dar *irr* al traste con algo	etw. zunichtemachen
dar *irr* el alto	zum Anhalten auffordern
dar *irr* la voz de alarma	Alarm schlagen
darse *irr* cuenta	etw. merken
de antemano	im Voraus
de golpe	mit einem Schlag, auf einmal
de inmediato	plötzlich
de puntillas	auf Zehenspitzen
de raza	*hier*: heißblütig, leidenschaftlich
deambular	herumstreifen
debatirse	ringen, schwanken
debido	gegeben
declaración *f*	Aussage
dedicación *f*	Hingabe
denuncia *f*	Anzeige
derivar	überführen
derramar	verschütten

derrame *m*	Erguss
desapercibido	unbemerkt
desbancar	verdrängen
descabellado	abwegig, unsinnig
descartar	ausschließen
descifrar	entziffern
descolgar *irr*	abhängen; annehmen (Anruf)
desconcierto *m*	Erstaunen
desconfianza *f*	Misstrauen
desconfiar	misstrauen
descubrir *irr*	entdecken, erfahren
descuidar	unbeachtet lassen
desencadenante *m*	Auslöser
desenterrar *irr*	ausgraben
desesperado	verzweifelt
desfigurado	unförmig, verstümmelt
desgarrador	herzzerreißend
deshonra *f*	Schande
deslizar	durchschieben
desplomado	zusammengebrochen
destacar	herausstechen
desvanecerse *irr*	verschwinden
desviar	umgehen, abschwenken, abwenden
detectar	entdecken
deudas *f pl*	Schulden
devolver *irr*	zurückgeben
dichoso	verdammt
difuminar	verschwimmen lassen
digno	ehrwürdig
diluirse *irr*	sich auflösen
directivo *m*	Manager, Leiter
disco *m* duro	Festplatte
disminuir *irr*	verringern, reduzieren
disposición *f*	Bereitschaft
distinguir	unterscheiden
división *f*	Liga
doblar	beugen

dopaje *m*	Doping
dueño *m*	Besitzer
echar un vistazo	einen Blick werfen
efecto *m* secundario	Nebenwirkung
eficaz	wirksam
ϟ el agua ya les llegaba al cuello	das Wasser reichte ihnen schon bis zum Hals
ϟ el que la sigue la consigue	was lange währt, wird gut
emblemático	repräsentativ
empapar	aufwischen
empecinado	hartnäckig
empujar	(weg)schieben, (um)schubsen
en clave	verschlüsselt
en cuestión	betreffend
encajar	(zusammen)passen
encargarse de	sich kümmern um
encargo *m*	Auftrag
enderezar	aufrichten
enemigo *m*	Feind
enfrentarse	sich auseinandersetzen
enriquecerse *irr*	sich bereichern
enterado	informiert
enterarse (de)	etw. erfahren
entero	*hier*: gefasst
enterrar *irr*	begraben
entierro *m*	Beerdigung
entrecortado	unterbrochen, stoßweise
entresijo *m*	Geheimnisse
entretener *irr*	unterhalten, ablenken
envenenado	vergiftet
equivocarse	sich irren
escabullirse	entwischen
escapar	*hier*: übersehen
escaso	spärlich
escogido	ausgewählt
escudarse	beschützen

esposado	in Handschellen
espuma *f*	Schaum
esquivar	ausweichen
estacazo *m*	Stockschlag
estampar	knallen, donnern
estar *irr* al corriente	auf dem Laufenden sein
estar *irr* de más	überflüssig sein
estar *irr* dispuesto a	bereit sein zu
estar *irr* en lo cierto	recht haben
estar *irr* pendiente de	sich kümmern um
ϟ estar *irr* tieso	pleite sein
estipulado	vereinbart
evasiva *f*	Ausrede, Ausflucht
evidencia *f*	Offensichtlichkeit
evidente	offensichtlich
evitar	vermeiden
exclamar	(aus)rufen
excluir *irr*	ausschließen
excusa *f*	Ausrede, Ausflucht
exhibir	aufweisen
exhumar	ausgraben
expectación *f*	Schaulust
extender	ausbreiten
exultante	jubelnd
facciones *f pl*	Gesichtszüge
fichar	unter Vertrag nehmen
fijarse en algo	sich etw. anschauen
filtrar	durchsickern lassen
forastero	fremd, auswärtig
forcejeo *m*	Handgemenge
forense *m/f*	Gerichtsmediziner(in)
fraude *m*	Betrug
frenar en seco	eine Vollbremsung machen
fuente *f*	Quelle
ganancia *f*	Profit
gestionar	führen, leiten
girar en torno	sich drehen um

golpe *m*	Schlag
grabar	aufzeichnen, filmen
grito *m*	Schrei
hacer *irr* caso omiso	ignorieren
hacer *irr* malabares	jonglieren
hacerse *irr* cargo de	etw. übernehmen
ϟ hacerse *irr* un hueco	es zu etw. bringen
hasta	*hier*: sogar
hazaña *f*	Heldentat
heredar	erben
herida *f*	Wunde, Verletzung
historial *m* médico	Patientenakte
honor *m*	Ehre
honrado	ehrlich
huella *f*	Abdruck
hundirse	sich ruinieren
impecable	tadellos
impedimento *m*	Hinderungsgrund
impedir	verhindern
implicado	verwickelt
implicar	verwickeln
impotencia *f*	Machtlosigkeit
impredecible	*hier*: schwer einzuschätzen
incluso	sogar
inconexo	unzusammenhängend
inconsciente	leichtsinnig, verantwortungslos
inconveniente *m*	*hier*: Hindernis, Problem
indignado	empört
inercia *f*	Trägheit
inerte	leblos, tot
inexperto	unerfahren
infarto *m*	Infarkt
infidelidad *f*	Untreue
infumable	unzumutbar
ingresado	eingeliefert
inocente	naiv
inofensivo	harmlos

insistencia *f*	Beharrlichkeit
insistente	beharrlich
insomnio *m*	Schlaflosigkeit
instituto *m* forense	Gerichtsmedizinisches Institut
interceptar	aufhalten
interrogar	verhören
interrogatorio *m*	Verhör
interrumpir	unterbrechen
intrigado	neugierig
intuir *irr*	erahnen
inusual	ungewöhnlich
inverosímil	unglaubwürdig
inversor *m*	Investor
investigación *f*	Ermittlung
investigar	ermitteln
inyección *m* de fondos	Kapitalspritze
ϟ ir *irr* al grano	zur Sache kommen
ϟ irse *irr* de la lengua	sich verplappern
jornalero *m*	Erntehelfer
jubilarse	in den Ruhestand treten
jurar(se)	schwören
juzgar	beurteilen
lágrima *f*	Träne
ϟ la misma cantinela	immer die alte Leier
lamentablemente	leider
lamento *m*	Klage, Vorwurf
lanzamiento *m*	Einführung eines Produktes auf dem Markt
lesión *f*	Verletzung
letra *f*	Wechsel
ϟ levantar la liebre	den Stein ins Rollen bringen
levemente	leicht
limar asperezas	Differenzen glätten
linchamiento *m*	Lynchjustiz
línea *f*	*hier*: (Telefon-)Leitung
luna *f* delantera	Windschutzscheibe
llamada *f* perdida	Anruf in Abwesenheit

mala gestión *f*	Misswirtschaft
mala suerte *f*	Unglück
maldecir *irr*	verfluchen
malnacido *m*	Mistkerl
mancha *f*	Fleck
mandar	befehlen
manejar	*hier*: verarbeiten
mantener *irr* el equilibrio	Gleichgewicht halten
mantener *irr* la calma	die Ruhe bewahren
mantener *irr* la compostura	den Anstand wahren
mantenimiento *m*	Pflege, Erhalt
martirizarse	sich quälen
matorral *m*	Gestrüpp
mechas *f pl*	Strähnchen
mediar	vermitteln
meditar	durchdenken
mencionar	erwähnen
menos mal	Gott sei Dank
mensajero/a *m/f*	Bote, Botin
mentir *irr*	(be)lügen
merecer *irr*	verdienen
merecer *irr* la pena	sich lohnen
ϟ meter(se) en un lío	sich etw. einbrocken, in der Klemme stecken
miseria *f*	*hier*: lächerliche Summe
morboso *m*	Kranker
mostrador *m*	Schalter, Information
muestra *f*	Probe
muestra *f* de saliva	Speichelprobe
mundano	weltlich
nada más + *inf*	kaum
navaja *f*	Taschenmesser
negarse *irr*	sich verweigern
ni rastro	keine Spur
ni siquiera	nicht einmal
ϟ niñato *m*	Rotznase
no estar *irr* en condiciones	nicht in der Verfassung sein

no hacer *irr* caso	ignorieren, nicht zuhören
ϟ ¡no me jodas!	Erzähl mir keinen Scheiß!
no salir *irr* de su asombro	aus dem Staunen nicht herauskommen
nómina *f*	Gehalt
observar	beobachten
obtener *irr*	erhalten, bekommen
ocultar	verheimlichen, verbergen
ocuparse de	sich kümmern um
olivar *m*	Olivenplantage
orden *f* de detención	Haftbefehl
orden *f* de registro	Durchsuchungsbefehl
orgullo *m*	Stolz
orgulloso	stolz
palmas *f pl*	Händeklatschen
pantalla *f*	Bildschirm
papeles *m pl*	*hier*: Ausweise
parar	stoppen
paréntesis *m*	*hier*: Einwand
pasado (mañana)	übermorgen
pasajero	vorübergehend
pasar por alto	übergehen, übersehen, ignorieren
patrocinador *m*	Sponsor
pedir *irr* refuerzos	Verstärkung anfordern
pedrada *f*	Steinwurf
pendrive *m*	USB-Stick
peña *f*	*hier*: Tippgemeinschaft
percibir	wahrnehmen
perfil *m*	*hier*: Seite
perjudicado	geschädigt
permanente *f*	Dauerwelle
perpendicular *f*	kreuzende Straße
persecución *f*	Verfolgung
perseguido	verfolgt
pesadilla *f*	Albtraum
pesado	*hier*: lästig
pícaro	schelmisch

pillar	schnappen
pillar por sorpresa	überraschen
pinchazo *m*	Reifenpanne
pisar	betreten
pista *f*	Spur
placa *f*	Polizeimarke
plantilla *f*	Belegschaft
plazo *m*	Frist, Aufschub
podar	beschneiden
ponerse *irr* de acuerdo	sich einigen
por mi culpa	meinetwegen
por su cuenta	selbst(ständig)
portada *f*	Titelseite
portero *m*	Pförtner
postura *f*	Einstellung, Haltung
precaución *f*	Vorkehrung
preludios *m pl*	einleitende Worte
preocupación *f*	Sorge, Not
prestar	ausleihen
pretender	streben, beabsichtigen, versuchen; verlangen
primera *f*	*hier*: Titelblatt
primicia *f*	Exklusivmeldung
primogénito/a *m/f*	Erstgeborene(r)
programa *m* del corazón	Klatschprogramm
promover *irr*	fördern
proponer *irr*	vorschlagen
proseguir *irr*	fortsetzen
protector *m* de estómago	Magenschutzmittel
prudencia *f*	Vorsicht
prueba *f* de paternidad	Vaterschaftstest
pudor *m*	Scham
pulmón *m*	Lunge
puñalada *f*	Dolchstoß
ϟ ¿Qué pinta él aquí?	Was hat er denn hier zu suchen?
ϟ ¡qué va!	Ach was!, Blödsinn!
ϟ quedarse en un susto	mit dem Schrecken davonkommen

queja *f*	Beschwerde
quejarse	sich beschweren
quitarse de en medio	sich einer Sache entziehen
rabia *f*	Wut
rabia *f* callada	unterdrückte Wut
razón *f* de peso	gewichtiger Grund
reajuste *m*	Umgestaltung
recaer *irr*	einen Rückfall erleiden
recetar	verschreiben
recogida *f*	Ernte
recolocarse	sich zurücklehnen
recopilar	zusammentragen
recortar	kürzen
recuperación *f*	Erholung, Genesung
recuperarse	sich erholen
rechazar	ablehnen
refunfuñar	murren
regar *irr*	gießen
regenerador *m* de células	Zellenregenerator
regentar	leiten, führen
relatar	berichten
rellenar	(be)füllen
remedio *m*	Heilmittel
remordimientos *m pl*	Gewissenbisse
remover *irr*	umrühren
rencor *m*	Groll
rendimiento *m*	Leistungsstärke
reparar en	bemerken
repartir	verteilen
repentino	plötzlich
repercusión *f*	Wirkung
repleto	voll
réplica *f*	Widerrede
reprimir	unterdrücken
reputación *f*	Ansehen, Ruf
resbalar	rutschen
reseco	sehr trocken

respaldo *m*	Rückhalt
restricción *f*	Einschränkung, Kürzung
retirada *f*	Rücknahme vom Markt
retirar	*hier*: vom Markt nehmen; wegbringen
retorcerse *irr* de dolor	sich vor Schmerz winden, krümmen
revisar	überprüfen
rezar	beten
rezo *m*	Gebet
riesgo *m*	Risiko
rifarse	sich reißen um
rojizo	rötlich
romper a	anfangen zu
ronco	heiser
rozar	*hier*: fast erreichen (Alter)
rueda *f* de prensa	Pressekonferenz
ruego *m*	Bitte
sacar conclusiones	Schlüsse ziehen
sacar del apuro	aus der Patsche helfen
ϟ sacar las cosas de quicio	übertreiben
salir *irr* a relucir	zur Sprache kommen
salir *irr* redondo	aufgehen (Plan)
saltar a la portada	es auf die Titelseite schaffen
sancionar	bestrafen
seguro *m* laboral	*hier*: Arbeitsvertrag
ser *irr* consciente de	sich bewusst sein über
serenidad *f*	Gelassenheit
sicario *m*	Auftragsmörder
sin rodeos	ohne Umschweife
sinceramente	ehrlich (gesagt)
siquiera	überhaupt
soberbia *f*	Hochmut
sobre *m*	Umschlag
sobrellevar	überspielen, gelassen hinnehmen
sobremesa *f*	Zeit nach dem Essen
sobresalto *m*	Schrecken
socio *m*	Gesellschafter
solicitar	ersuchen, beantragen

soplo *m*	Tipp, Wink
soporte *m*	Reagenzglashalter
sospecha *f* de culpabilidad	Schuldvermutung
sospechar	verdächtigen
sospechoso	verdächtig
suavizar	beschwichtigen
sucesión *f*	Folge
sueldo *m*	Gehalt
sueldo *m* fijo	Festgehalt
sufrimiento *m*	Leiden
superar	überstehen, überwinden, entkommen
superior *m*	Vorgesetzter
suponer *irr*	vermuten
suposición *f*	Vermutung
supuesto *m*	Vermutung, Mutmaßung
supuesto	vermeintlich, angeblich
surgir *irr*	entstehen, aufkommen
suspendido	(auf)gehängt
taconeo *m*	Aufstampfen
tajante	kategorisch
tamaño *m*	Höhe, Größe
tanatorio *m*	Leichenhalle
tedioso	langweilig
telediario *m*	Nachrichten
teletipo *m*	Fernschreiber
temblar	zittern
temporada *f*	Saison
temporero *m*	Saisonarbeiter
tener *irr* cuidado	vorsichtig sein
tener *irr* en cuenta	beachten
ϟ tenerlo *irr* crudo	schlecht aussehen
tensión *f*	*hier*: Blutdruck; Anspannung
tenso	angespannt
teñir *irr*	färben
terminal	*hier*: Endstadium
tertulia *f* política	politischer Zirkel

testigo *m/f*	Zeuge, Zeugin
tez *f*	Teint, Hautfarbe
tintar(se)	färben
ϟ tirar del carro	den Laden schmeißen
tomar medidas	Maßnahmen ergreifen; Maß nehmen
torcerse *irr*	*hier*: fehlschlagen
tos *f*	Husten
ϟ tragar	schlucken (glauben)
traicionero	heimtückisch
trastorno *m*	Durcheinander
tratamiento *m*	Behandlung
tubo *m* de ensayo	Reagenzglas
turno *m*	*hier*: Schicht
urgentemente	eiligst
varear	abschlagen
velar	*hier*: Totenwache halten
velatorio *m*	Totenwache
venganza *f*	Rache
ϟ venir *irr* de perlas	wie gerufen kommen
venirse *irr* abajo	zusammenbrechen
vientre *m*	Unterleib
vigilado	überwacht, beobachtet
vigilancia *f*	Überwachung
vincular	verknüpfen
visceral	ungestüm
viva imagen de	wie aus dem Gesicht geschnitten
volantazo *m*	Lenkradbewegung
vorágine *f*	Strudel
vuelco *m*	Wende
vulnerable	verwundbar
yacer *irr*	liegen

Tabla de ejercicios

Suicidio en Bilbao

Test final